产业转型与升级系列

科技金融、科技创新与产业结构升级

朱 丹◎著

图书在版编目（CIP）数据

科技金融、科技创新与产业结构升级 / 朱丹著. —北京：企业管理出版社，2022.2
ISBN 978-7-5164-2543-5

Ⅰ. ①科… Ⅱ. ①朱… Ⅲ. ①科学技术—金融—研究—中国 ②技术革新—研究—中国 ③产业结构升级—研究—中国 Ⅳ. ① F832 ② G322.0 ③ F269.24

中国版本图书馆 CIP 数据核字（2021）第 271238 号

书　　名：科技金融、科技创新与产业结构升级
书　　号：ISBN 978-7-5164-2543-5
作　　者：朱　丹
责任编辑：尤　颖　　田　天
出版发行：企业管理出版社
经　　销：新华书店
地　　址：北京市海淀区紫竹院南路 17 号　　邮　　编：100048
网　　址：http://www.emph.cn　　电子信箱：emph001 @163.com
电　　话：编辑部（010）68701638　　发行部（010）68701816
印　　刷：河北宝昌佳彩印刷有限公司
版　　次：2022 年 2 月第 1 版
印　　次：2022 年 2 月第 1 次印刷
开　　本：710mm × 1000mm　1/16
印　　张：13.75 印张
字　　数：180 千字
定　　价：68.00 元

摘　要 · ABSTRACT

科学技术是经济结构转型与经济可持续发展的源动力，科技创新能够为社会发展带来新产品和新技术，将产业结构从低级化阶段提升到高级化阶段，由非合理化转向合理化，促进产业结构转型升级，提升经济发展水平，通过科技创新加速产业结构升级，成为中国由“中国制造”转向“中国智造”的必经之路，因此可以认为科技创新是经济高质量发展的推动器，推动社会经济持续健康发展。但是科技创新的发展却面临诸多困难，如科技创新需要持续的资金支持，同时科技创新面临的风险较大，这些困难严重阻碍了科技创新的发展。破解科技创新所遇难题的有效路径就是科技金融，科技金融对科技创新起支持和引导作用，没有科技金融的支持和引导，科技创新就难以成功，因此科技金融对科技创新的发展起关键的影响作用。科技金融将科技和金融融合到一起，为科技创新发展提供了重要支持，科技金融和科技创新共同作用，促进科技研发、科研成果市场化，促进中国产业结构优化升级。科技和金融是中国经济发展的两大引擎，尤其是经济发展进入新常态以后，中国经济增长方式由高速发展阶段转向高质量发展阶段，由要素驱动模式转向创新驱动模式，科技金融在一定程度上对科技创新的发展趋势起决定作用，科技金融体现出资本要素正逐渐向创新领域聚集的产业结构升级趋势。科技创新在科技金融的引领下，驱动产业结构升级，将科技金融和科技创新进行有效融合，充分发挥二者的协同作用，在产业结构升级过程中起推动和支持作用。因此，科技创新是科技金融对产业结构升级起支撑作用的重要纽带。

本书对已有文献进行详细的梳理后发现，关于科技金融、科技创新和产业结构升级的相关研究，主要关注科技金融和科技创新的相互关系、科技金融对产业结构升级的影响作用、科技创新对产业结构升级的影响作用，研究科技金融和科技创新对产业结构升级影响的共同作用的文献相对较少，更鲜有学者基于“科技金融—科技创新—产业结构升级”的路径和机制对三者之间的关系进行梳理。中国科技金融、科技创新和产业结构升级如何度量？科技金融、科技创新对产业结构升级影响的作用机制和路径如何、影响力度如何？科技金融、科技创新对产业结构升级影响在不同地区之间是否存在异质性？本书将针对这些问题进行深入研究。

首先，对与科技金融、科技创新和产业结构升级相关的文献进行了梳理，明确了本书的研究思路和目标。对与科技金融、科技创新和产业结构升级相关的理论进行了分析，并提出了科技金融、科技创新影响产业结构升级的路径，确定了本书研究的理论模型。其次，基于不同的视角对科技金融、科技创新和产业结构升级的现状进行了详细分析。选取2011—2019年间除中国香港、澳门、台湾地区以外的其他31个省（直辖市、自治区）的相关变量面板数据，并根据经济发展水平将其划分为东部、中部和西部三个区域。运用因子分析模型构建出科技金融、科技创新和产业结构升级的度量指标，对科技金融、科技创新和产业结构升级进行度量，分别运用逐步回归检验、Sobel检验模型和Bootstrap检验模型实证分析了科技金融、科技创新对产业结构升级的影响，探讨科技金融、科技创新对产业结构升级起影响作用的传导路径和作用机制，验证科技创新是否在科技金融与产业结构升级之间存在中介效应。在存在中介效应的前提下，中介效应属于部分中介效应还是完全中介效应、中介效应程度的大小，以及这些影响的区域异质性。最后，全面认识科技金融与科技创新对中国产业结构升级的战略价值，为优化中国产业结构开辟新的路径，为中国区域间科技金融、科技创新与产业结构升级提供参考，具有一定的理论与现实意义。

本书研究得出以下结论：第一，科技金融对产业结构升级具有显著促进作用；第二，科技金融对科技创新具有显著促进作用；第三，科技创新对产业结构升级具有显著的促进作用；第四，运用逐步检验模型发现，中国全国及东、中、西部地区科技创新在科技金融与产业结构之间均具有显著的部分中介效应；第五，运用 Sobel 检验模型和 Bootstrap 检验模型发现，中国全国及东、中部地区科技创新在科技金融与产业结构升级之间的中介效应高于科技金融对产业结构升级的直接效应，西部地区科技创新在科技金融与产业结构升级之间的中介效应低于科技金融对产业结构升级的直接效应；第六，中介效应具有显著的区域异质性。根据实证分析结果并结合中国全国及东、中、西部三个区域科技金融、科技创新和产业结构升级现状，基于全国层面和区域层面分别对科技金融、科技创新、产业结构升级及三者之间的内在关系提出了相应的对策建议。

关键词：科技金融；科技创新；产业结构升级；中介效应

目　录 · CONTENTS

第1章 CHAPTER 1

绪 论

本章首先介绍了研究背景、存在的问题，分别从理论和实际两个角度提出了本书的研究意义；其次，提出了研究目标及所采用的研究方法，分别以文字和图表的形式阐明了研究框架；最后，提出了研究的创新点。

1.1 研究背景

当前中国经济发展进入新常态，经济从高速增长阶段转向高质量发展阶段，生产动力将由要素驱动转向创新驱动，传统的产业结构亟需调整和升级。中国经济实现高质量发展的关键是产业结构升级，中国经济转型的重要步骤就是产业结构的优化升级。

因此，为了保持中国经济高质量且可持续地发展，应淘汰落后产业，对传统产业进行改造升级，加强生产社会化程度，促进企业创新，大力支持新兴产业，加快技术进步，促进产业结构升级。在竞争日趋激烈的市场上，仅依靠产业部门自身的力量实现技术突破比较困难，大幅度提升产业部门的技术创新能力和水平必须借重外部的资源和力量，科技创新成为社会经济可持续发展的内在推动力。科技创新是引领发展的第一动力，也是促进经济结构调整、产业结构升级的第一推动力。当前，建设现代化经济体系是跨越关口的迫切要求和中国发展的战略目标，而科技创新可以促进经济结构转型、转变经济发展模式、转换增长动力，对现代化经济体系的构建具有重要支撑作用。与此同时，中国科技创新的发展，在提升国家综合实力方面具有不可估量的作用。中国发展战略核心是提升自主创新能力、建设新型国家。但是，科技创新具有高风险性，这些风险严重阻碍了科技企业的发展和技术的进步。科技企业面临的主要困难是融资难、融资贵、融资渠道狭窄等问题，科技创新活动的开展及科技成果的顺利转化离不开科技研发的有效投入。科技创新需要大量资本投入。经济发展的最大推动力是科技，经济发展的支柱是金融，因此科技与金融的相互融合、相互作用对国家科技创新的发展具有促进作用，增强国家综合竞争力，因此如何有效加强科技金融对科技创新的支持作用逐渐成为国家关注的重点之一。金融是现代经济的核心，具有分散和控制风险、对资源进行有效配置、发现金融产品的合理价格等功能，对国家科技创新的发展具有重要的推动作用。传统金融体系的资金供给模式与当前面临的融资需求特征不匹配。科技金融通过将金融创新与科技创新有机结合，在提高企业研发效率、加速技术创新和成果转化等方面发挥了重要作用。《“十三五”国家科技创新规划》基于国家视角，确认了科技金融对科技创新的发展具有重要意义，建立了全新的科技创新融资模式，该模式具有多元化和差异性等特征，促进了科技与金融的融合。科技创新成功的关键因素就是科技金融的支持和推动。科技金融将科技与金融进行深度融合，促进科研成果市场化和规模化、技术开发、高新技术产业高质量发展，对科技创新发展起到了重要的支撑作用，科技金融和科技创新共同作用，对于促进产业结构转型升级、实现强国之路具有重要意义。早在20世纪80年代，中国就出台了与科技金融、科技创新相关的政策，开始尝试将科技与金融相互结合，中国政府持续增加在科技金融、科技创新等方面的政策引导力度，通过对金融政策进行修正、对金融制度进行改革、创造新的金融工具、构建新的金融服务体系等一系列措施，提升了银行等金融机构的科技金融服务水平和金融产品的质量，从而提升了科技创新水平。

推进科技强国、科技兴国时，科技创新发展离不开科技金融的支持。科技金融作为科技创新领域的制度性安排，不仅有利于动员社会资本围绕国家科技创新重大决策部署加大科技创新投入，加快形成多元化、多层次、多渠道科技投入体系，也有利于形成各方协同监管，大幅度提高科技创新投入绩效，更有利于重大研发成果迅速转化落地，有效提高金融业对实体经济发展、科技创新的支持力度，加快培育和发展新动能。科技金融关乎国家的创新发展，是国家提高国际影响力的“动力机”。科技金融和科技创新的结合，符合国家复兴、发展强国的需要，是国家进入小康社会及实现现代化强有力的助力。

中国科技金融发展试点已遍布16个省市，并出台了多项政策，涉及市场对接和资源配置等方面，实现科技金融促进科技创新、科技创新促进产业结构升级及三者之间的良性互动关系。在此背景下，探索科技金融、科技创新、产业结构升级三者之间的内在关系和作用机理是一项很有必要且有意义的研究工作。中国科技金融、科技创新对产业结构升级的影响机制和路径如何？科技金融、科技创新和产业结构升级三者之间的内在作用机制、影响力度如何？科技金融、科技创新和产业结构升级三者之间关系在不同地区之间是否存在异质性？本书将对这些问题进行深入探讨和研究。本书以中国31个省（直辖市、自治区）为研究对象，研究科技金融、科技创新对产业结构升级的影响，为科技金融、科技创新与产业结构优化升级提供参考，具有一定的理论与现实意义。

1.2 研究内容

中国经济发展进入新常态后，中国经济增长模式已经发生转变，由高速增长阶段转向高质量发展阶段，中国经济高质量发展的两个强大推动力量就是科技和金融，只有以科技金融促进科技创新，以科技创新驱动产业结构升级，将科技金融和科技创新进行深度融合，充分发挥二者的融合发展机制，才能更好地发挥科技金融、科技创新在产业结构升级中的推动和支持作用。

按照“投入—产出”理论，科技金融作为优化产业结构升级的有效途径，其实质就是将金融资源投入科技创新，进而优化产业结构升级。国内外学者对产业结构升级的研究有很多，但大部分文献只探讨科技金融、科技创新的某一方面对产业结构升级的影响作用，如科技贷款、风险投资、科技保险、财政科技支出、科技资本市场等对产业结构升级的影响，而较少将这些金融资源整合起来验证其对产业结构升级的影响。上述金融资源与科技金融的内容结构体系范畴基本一致，因此本书选取“科技金融”来研究其对产业结构升级的影响。那么科技金融资源影响产业结构升级的路径和机制是什么？为了求解这一问题，本书引入“科技创新”这一中介变量。

科技创新对产业结构升级有重要的影响作用，且影响作用与时间长短有重要关系。从长期来看，在竞争激烈且不确定性较高的环境里，国家和企业的竞争优势主要来自科技创新能力，是国家和企业持续发展的保障，进而影响产业结构升级；从短期来看，科技创新能控制国家和企业的发展成本，具有强大的竞争能力，资源的使用效率更高，从而能有效优化产业结构升级。在一定程度上，科技金融对科技创新的发展趋势起重要的影响作用，科技金融集中体现出资本要素和劳动力要素集聚到创新领域的产业结构升级趋势。所以，科技创新在科技金融与产业结构升级中起重要的桥梁纽带作用。在中国产业结构亟需调整升级的今天，非常有必要探索科技金融、科技创新与产业结构升级三者之间的内在关系。

通过对已有文献的详细研读，发现关于科技金融、科技创新和产业结构升级的相关研究，大部分文献集中在科技金融与科技创新的关系、科技金融对产业结构升级的影响、科技创新对产业结构升级的影响，较少文献将科技金融、科技创新、产业结构升级放在一个框架内研究，研究"科技金融—科技创新—产业结构升级"的路径和作用机制的文献更是少之又少。本书梳理了国内外已有相关文献，借鉴了国内外学者相关研究结论，在此基础上，探讨科技金融和科技创新影响产业结构升级的传导路径和作用机制，并分别运用三种中介效应检验模型验证科技创新是否在科技金融与产业结构升级之间发挥中介作用，以期全面认识科技金融与科技创新对中国产业结构优化升级的战略价值，为优化中国产业结构开辟新的路径。具体来说，就是通过梳理文献、现状分析，构建本书的研究理论模型，运用逐步回归检验模型、Sobel检验模型和Bootstrap检验模型对理论模型进行实证检验，通过实证分析厘清以下8个问题：

（1）如何度量中国科技金融？

（2）如何度量中国科技创新？

（3）如何度量中国产业结构升级？

（4）科技金融是否对产业结构升级起显著影响作用？

（5）科技金融是否对科技创新起显著影响作用？

（6）科技创新是否对产业结构起显著影响作用？

（7）科技创新是否在科技金融对产业结构升级的影响中起显著中介作用？

（8）科技金融、科技创新与产业结构升级之间的关系是否存在地区异质性？

1.3 研究意义

中国当前正处于经济结构转型的关键时期，这个关键时期需要科技创新促进产业结构升级，科技创新为经济结构转型提供动力，在此过程中，需要科技金融对科技创新起支持作用。推动科技金融和科技创新全面协调发展，并以科技创新为中心，建立科技金融和科技创新协同发展的制度体系和发展之路，在激烈的国际竞争环境中，这是加速科技成果市场化、提升自主创新能力、实现产业结构升级的必然选择。因此，如何利用科技金融推动科技创新能力的提升，进而优化产业结构，是当前中国面临的一个重要问题。基于上述背景，分析科技金融、技术创新对产业结构升级的影响具有重要意义。下面具体分析本书的理论意义和现实意义。

1.3.1 理论意义

本书对科技金融、科技创新与产业结构升级三者之间的内在作用机制和影响路径进行重点分析，揭示科技创新、科技金融与产业结构升级之间关系的形成机理，对现有的理论进行有益补充，为完善科技金融、科技创新与产业结构协同发展体系提供理论基础，为相关政策的实施提供理论依据。

第一，本书基于科技金融的供给主体，将科技金融分为以政府为供给主体的公共科技金融和以市场为供给主体的市场科技金融两个维度，并且分别从公共科技金融和市场科技金融两个维度对科技金融发展水平进行衡量，进一步完善科技金融体系的相关理论。同时，对科技金融、科技创新及产业结构升级三者关系的研究，是对该研究领域的有效补充和扩展。

第二，本书构建了科技金融、科技创新与产业结构升级的整体理论框架。有利于丰富科技金融、科技创新和产业结构升级的理论内涵。从三者的概念、特点和发展现状出发，研究科技金融、科技创新和产业结构升级的作用机制和影响路径，对现有的研究空间是一个有力的扩展，将相关理论内涵进一步丰富，理论对现实的解释力度进一步增强，为以后的研究提供一定的参考和借鉴。

第三，针对科技金融、科技创新和产业结构升级三者之间的关系，国内外大部分学者只是研究三者之中的两者关系，缺乏在一个框架内将科技金融、科技创新和产业结构升级共同进行研究的文献。本书以科技金融、科技创新和产业结构升级的相关理论为基础，探讨科技金融、科技创新作用于产业结构升级的路径和机制，为中国更有效地发挥科技金融、科技创新的作用，促进产业结构升级提供相关理论基础。

第四，本书以科技金融为自变量，产业结构升级为因变量，科技创新作为中介变量，深入分析了科技金融对产业结构升级的作用机制和影响路径，提出并验证了科技金融通过科技创新这一中介变量对产业结构升级产生的影响。

1.3.2 现实意义

本书分别对中国全国及东、中、西部地区科技金融、科技创新与产业结构升级的现状进行了深入分析，在此基础上，对中国科技金融水平、科技创新水平和产业结构升级水平进行了度量，并分别运用逐步回归检验法、Sobel 检验模型和 Bootstrap 检验模型对科技金融、科技创新与产业结构升级之间的内在机理和路径进行验证，实证结果具有重要的现实意义，具体如下。

第一，促使中国东、中、西部发展更为均衡，中国各地区根据自身经济发展水平和发展特点，针对科技金融和科技创新的发展颁布相应的政策，保证科技和金融进行深度融合，顺利开展和实施相关工作，在中国东、中、西部地区有效配置科技金融和科技创新资源，缩小区域之间的科技金融发展水平、科技创新水平和产业结构升级水平之间的差距，对促进中国东、中、西部地区之间协同发展具有重要的实际意义。

第二，中国资本市场结构、融资体系、投融资理念需进一步完善和加强，进而使中国资本市场更加完备。通过对中国科技金融、科技创新和产业结构升级等相关问题的研究，对当前中国金融市场现状进行反思，在此基础上进一步将科技与金融进行融合，提出中国科技金融、科技创新和产业结构升级的新模式和新路径，为科技金融、科技创新和产业结构升级在中国的发展提供理论参考和现实证据。

第三，本书深入探讨了科技与金融的融合机制，二者的融合机制解决科技创新的资金需求问题，对科技创新水平具有提升作用，优化产业结构升级。

第四，本书建立了科技金融、科技创新及产业结构升级的评价指标体系，并采用 2011—2019 年 31 个省（直辖市、自治区）相关面板数据进行实证分析。根据研究结论，对中国31个省（直辖市、自治区）的科技金融、科技创新和产业结构升级有了更为深入的了解，为中国31个省（直辖市、自治区）的高技术企业融资难、融资贵等问题提供参考建议，也为各省优化产业结构升级提供有效帮助。

1.4 研究目标、方法及框架

本节介绍了研究目标和方法，所采用的方法包括文献研究法、理论分析法、实证分析法、归纳及理论演绎法和比较研究法，并以文字和图表的方式介绍本书的研究框架。

1.4.1 研究目标

本书分析了科技金融、科技创新对产业结构升级的影响机制和路径，主要有以下几个研究目的。

（1）界定科技金融发展水平、科技创新发展水平与产业结构升级水平的评价指标体系，在此基础上，对中国31个省（直辖市、自治区）的科技金融发展水平、科技创新发展水平与产业结构升级水平进行度量。

（2）厘清科技金融、科技创新在产业结构升级过程中的作用机理，明确中国31个省（直辖市、自治区）科技金融与科技创新融合对产业结构升级的影响效果，精准定位产业结构升级过程中的资金和创新贡献。

（3）通过计量模型实证研究科技金融、科技创新对产业结构升级的作用，揭示科技金融、科技创新对产业结构升级可能存在的影响，科技创新在科技金融与产业结构升级之间的中介效应，以及在中国东、中、西部产生的异质性效应。

（4）对实证结果进行分析，解释科技金融、科技创新对产业结构升级的影响效果，以期有针对性地提出产业结构升级过程中发展科技金融、提升科技创新水平的方案与政策建议。

1.4.2 研究方法

在研究方法上，本书紧密结合中国科技金融、科技创新和产业结构升级发展现状和发展实践，采用现状分析、理论分析与实证分析相结合的方法，现状分析为理论分析提供事实基础，理论分析为现状分析提供参考依据，实证分析对理论分析模型进行验证。本书具体用到如下研究方法。

（1）文献研究法。通过对科技金融、科技创新和产业结构升级有关文献资料的收集和广泛阅览，对中国科技金融现状、科技创新相关理论和产业结构升级等方面有了整体了解之后，构建本书的理论分析框架。利用中国知网获取与科技金融、科技创新和产业结构升级相关的最新文献。在已有文献的基础上，分析科技金融、科技创新与产业结构升级之间的关系。

（2）理论分析法。将科技金融、科技创新和产业结构升级纳入一个分析框架中，结合科技金融理论、科技创新理论和产业结构升级理论，详细阐述科技金融、科技创新对产业结构升级影响的作用机制；同时根据理论分析，构建中介效应模型研究科技金融支持下科技创新对产业结构升级的影响机制和路径。

（3）实证分析法。本书选取中国 31 个省（直辖市、自治区）2011—2019 年科技金融、科技创新、产业结构升级的相关面板数据，运用中介效应模型实证分析三者之间的关系。按照经济发展水平，将中国分为东、中、西部，基于省（直辖市、自治区）层次研究科技金融、科技创新对产业结构升级的影响机制，分析区域间的差异，并做出相关解释。

（4）归纳及理论演绎法。为全面分析科技金融、科技创新与产业结构升级的发展过程及其内涵，通过对相关参考文献的搜索，对在各个时期的科技金融、科技创新与产业结构升级相关文献进行归类和分析，厘清了科技金融、科技创新与产业结构升级发展历程，对科技金融、科技创新和产业结构升级的内在机制、相关理论、发展方向等做出详细总结，这是研究者对所研究问题进行的定性分析过程。

（5）比较研究法。此研究方法是基于不同的视角、不同的层次对事物进行研究，可以全面认识事物的方法。本书运用逐步回归检验法、Sobel 检验模型和 Bootstrap 检验模型研究科技金融、科技创新与产业结构升级三者之间的关系。本书根据经济发展水平，将中国分为东、中、西部，分区域研究科技金融、科技创新对产业结构升级的影响，属于横向比较研究。

1.4.3 研究框架

本书首先对与科技金融、科技创新与产业结构升级相关的理论进行了详细的梳理，总结分析了与科技金融、科技创新和产业结构升级相关的参考文献。其次，提出了科技金融、科技创新及产业结构升级三者关系的理论模型，突出科技创新在科技金融对产业结构升级影响中的中介作用。最后，通过对中国 31 个省（直辖市、自治区）2011—2019 年相关面板数据的中介效应检验，对本书提出的理论模型进行验证，并根据研究结论对科技金融的发展、科技创新的发展和产业结构的优化升级提出了相应的对策建议。

第 1 章，绪论。本章阐述了研究背景、研究内容、研究意义、研究目标、研究方法和研究框架，并列举了本书研究内容可能的创新点。

第 2 章，相关理论及文献综述。本章研究首先对科技金融理论、科技创新理论、产业结构升级理论进行梳理。在此基础上，基于不同的研究视角和研究方法，对科技金融、科技创新、产业结构升级三者之间的关系进行了阐述，并基于国外层面和国内层面对相关文献进行评述，对现有文献的不足和贡献进行了总结，本章内容为后续研究打下坚实的理论基础。

第 3 章，科技金融、科技创新与产业结构升级现状分析。本章既对科技金融、科技创新和产业结构升级的现状进行分析，又对其历史发展、取得成果及存在的不足进行了介绍并进行了系统的分析。

第 4 章，理论分析和研究设计。本章针对科技金融、科技创新与产业结构升级三者之间的关系进行了理论分析，构建了本书的理论模型，即科技金融为本书研究的自变量，产业结构升级为本书研究的因变量，科技创新为本书研究的中介变量。同时，构建了科技金融、科技创新和产业结构升级的度量指标，为本书的实证分析提供了理论基础。

第 5 章，实证分析。本章运用逐步回归检验法、Sobel 检验模型和 Bootstrap 检验模型，研究中国 31 个省（直辖市、自治区）科技金融、技术创新与产业结构升级三者之间的关系，然后根据中国经济发展水平，将中国分为东、中、西部，分别研究科技金融、技术创新与产业结构升级三者之间的关系。

第 6 章，结论、对策建议及展望。针对前面章节理论分析和实证分析的结论，提出促进科技金融、科技创新与产业结构升级的创新策略及实施路径，并提出了相应的对策建议。同时，对本书研究内容进行了总结，针对存在的不足，提出了相对应的展望。

1.5 研究创新

第一，理论分析了科技金融与科技创新对产业结构升级影响的内在机制，并以此为基础，建立影响机制的理论模型，从而在同一框架内研究科技金融、科技创新与产业结构升级三者之间的关系，不仅分析了科技金融对产业结构升级的总效应，科技金融对产业结构升级的直接效应，也分析了科技金融通过科技创新对产业结构升级所起的中介效应，分别从理论和实证层面揭示了科技金融、科技创新对产业结构升级所起的影响作用机制和路径。

第二，国内对于科技金融的内涵、现状和度量的研究不是很多，本书将科技金融作为核心解释变量进行研究，并根据科技金融提供主体的不同，将科技金融分为以政府为供给主体的公共科技金融和以市场为供给主体的市场科技金融两个维度，公共科技金融选取地方财政科技支出、地方财政科技支出与地方财政支出的比值和高技术产业利税总额作为公共科技金融的度量指标，选取企业科研经费投入、企业 R&D（研究与试验发展）经费投入与企业主营业务收入的比值作为市场科技金融的度量指标，并运用因子分析模型将评价指标综合成一个指标进行研究，有效地补充了现有科技金融理论研究。

第三，国内外学者对科技创新和产业结构升级的研究成果较多，但将科技创新、产业结构升级与科技金融相联系的还不是很多。本书构建了科技金融、科技创新与产业结构升级三者之间关系的理论模型，将科技金融作为自变量、科技创新作为中介变量、产业结构升级作为因变量，深入分析科技金融、科技创新对产业结构升级的影响机理和路径。

第四，本书根据中国经济发展，将中国分为东、中、西部，并在不同区域研究科技金融、科技创新对产业结构升级影响作用的区域异质性差异，在研究视角上有一定的创新。

1.6 本章小结

本书以中国 31 个省（直辖市、自治区）为研究对象，以促进科技金融、科技创新与产业结构升级协同发展为出发点，阐述了中国在创新驱动背景下，研究科技创新、科技金融与产业结构升级三者之间关系的背景、内容、意义、目标与方法。据此构建了以“绪论—相关理论及文献综述—现状分析—理论分析和研究设计—实证分析—结论、对策建议及展望”为主轴的研究框架。

第2章 CHAPTER2

相关理论及文献综述

现有理论体系和研究文献是本书研究的理论基础。通过对已有文献的研究分析，能够更加明确本书的研究目的，在对科技金融、科技创新与产业结构升级三者之间关系进行研究时，可从现有文献中吸收有益的思路、方法和观点，并对现有文献的优点和不足进行归纳总结。

2.1 相关理论

产业结构升级的研究是一项复杂的课题，科技金融和科技创新对产业结构升级的影响机制和路径是一个复杂的过程，涉及经济学、管理学和统计学等学科，因此也涉及各学科的部分基础理论，本节将详细梳理这些基础理论。

2.1.1 科技金融理论

近年来，中国政府对金融创新和科技创新越来越重视，认为科技金融对经济发展模式具有支持和引领作用，促进产业结构升级，从而促进实体经济增长。因此，促进科技金融发展，利用科技金融推动创新能力的提高，促进中国产业结构升级，一直是研究的热点话题之一。因此，提升科技金融水平，对现有的科技金融体系进行完善，使科技金融在促进产业结构升级方面发挥更重要的作用，是中国现阶段经济改革中的一个重要目标。从字面来看，科技金融是一个复合概念，由“科技”与“金融”两个词语构成，由于视角不同，国内外学者对科技金融有不同的理解。科技金融是一个新兴产业和领域，当前科技金融的理论体系还不够完善，需要专家学者进一步完善科技金融理论体系。

国内外学者对科技金融的探索和研究从未停止，现有文献主要基于两个视角对科技金融进行研究，第一种将“科技金融”理解为“科技与金融”，这种理解对科技金融的理解过于表面化，强调科技与金融之间只是简单的结合，缺乏对二者之间相互作用、相互影响的理解；第二种从科技发展与金融理论方面对科技金融进行解读，重点强调金融创新性发展支撑和服务科技发展之间的关系，认为科技金融是科技领域和金融领域的融合，并对科技创新具有促进作用，促使科研成果市场化和产业化。King 和 Levine 认为金融与创新之间存在密切的关系，金融体系可以为创新活动提供资金、降低风险、评估等多种服务。[1] Carlota Perez 认为一项新技术在萌芽阶段，即可能创造超额的市场利润，但同时也伴随着超高的风险，新技术对风险机构具有很强的吸引力，会促进 GDP 的显著提高，促进金融与创新的进一步耦合。[2] 这一结论促进了科技金融理论的快速发展。关于科技创新与金融资本之间的关系，Perez（2010）提出了范式理论，该理论认为信用体系和金融体系对技术创新会起到显著的影响作用，尤其是金融与创新的互动融合，会显著提高风险资本家的资本收益，同时会进一步促使金融资本融入高科技领域，实现金融与创新的密切配合，促进产业结构升级。产业金融理论认为科技金融是金融产业与科技产业的融合，部分文献认为科技金融属于产业金融范畴，有学者认为二者之间的融合是推动产业结构升级的金融方案设计，其原因是将科技资产和科技资源资本化，将金融看作科技产业的助推剂。为促使科技企业的快速集聚发展，应该对科技金融的相关机制进行合理设计。

中国科技金融促进会于 1993 年提出“科技金融”一词，是中国国内首次提出“科技金融”，但是当时只是简单的“科技和金融相结合”。2006 年国务院印发《国家中长期科学和技术发展规划纲要（2006—2020 年）》，自此以后“科技金融”这一词汇开始频繁出现，但是“科技金融”在学术研究中较少被涉及，有与之近似的词汇，如科技金融支持和科技金融融资方式等词汇出现在学术研究中。近年来，国内学者开始对科技与金融交叉的领域进行大量研究，其中理论研究较多、实证研究较少，大部分对科技金融的定义、内涵、特征等方面进行理论分析。赵昌文等首次界定了“科技金融”完整且严格的定义，在理论上首先对“科技金融”的内涵进行了深入阐述，认为科技金融是中国国家金融创新体系和金融组织不可缺少的一部分，并认为科技金融主要由金融制度、金融服务和金融工具等构成，并且它们之间并不是独立存在的，而是相互联系的，共同对科技创新发挥显著的影响作用，并且认为科技金融包括政府部门、资本市场、金融机构、科技企业和风险资本投资机构等主体。[3] 房汉廷认为科技金融是一种商业活动，科技企业通过科技金融获取金融支持进行科技创新，将科研成果转化为科技产品并推向市场，并认为科技与金融相互融合到一定程度自然而然诞生了科技金融，认为科技创新活动与金融创新活动的结合就是科技金融，科技金融是由科技创新活动引发的一系列金融创新行为的总和。[4] 近年来，国内众多学者分别运用定性分析和定量分析对“科技金融”进行了深入研究。例如，对科技金融的内涵、概念、运行模式进行研究和理论阐释，同时也运用因子分析、中介效应、门槛效应和DEA等各种模型进行定量研究。下面分别从定性研究和定量研究两个方面进行阐述。

第一，定性研究。科技金融的定性研究更多聚集在国内，国内学者对科技金融的概念、运行机制、创新模式和经验借鉴等进行了深入研究。现有文献针对“科技金融”的概念，观点还不统一，未形成理论体系，国外没有“科技金融”这一专业词汇，国内其他学者针对科技金融概念及内涵也进行了界定和研究，但总体上与赵昌文（2009）和房汉廷（2010）相似。段世德和徐璇重点强调金融与科技深度融合到一定程度就产生了科技金融，科技创新周期与金融制度相结合即为科技金融，同时认为科技金融是一种机制，可以将金融资本产业化、科技创新资本化，且实现科技与金融二者之间的融合和相互影响。[5]针对科技金融发展存在的不足，周昌发认为，制定科学合理的制度对资源与要素的有效融合具有促进作用，对市场机制不足和局限性具有弥补作用，可推动科技企业的发展、促进经济的快速发展。[6]胡援成和吴江涛指出为加强科技金融与科技创新的深度耦合，应该建立科技金融运行机制。[7]文竹等运用TRIZ法研究科技金融运营模式，认为科技金融运营模式应采用“四元主体”模型。[8]洪银兴认为，为转变中国经济发展方式，应由要素驱动经济转向创新驱动经济，为促进和推动科技金融的发展，应将科技和金融进行深度融合。[9]李毅光等基于政府和互联网视角，研究分析了科技金融模式创新。[10]邵传林和王丽萍认为科技与金融有效结合的途径是科技金融，科技金融可以对创新驱动型经济发展提供支持。[11]针对国外发达国家和地区科技金融运行模式的发展经验，胡苏迪和蒋伏心对此进行了深入总结，并与中国科技金融发展模式进行了对比分析。[12]张明喜等认为风险投资机构、银行等金融机构、各种金融服务等是科技金融的主要组成部分，初步构建了科技金融理论体系，认为科技金融表现形式多种多样，科技金融的多样性可以体现本体论基础；科技金融的服务对象、自身发展过程构成了科技金融的演变机制；科技与金融相互融合，对创新型经济发展起到促进作用，这种高级形态即为科技金融的本质，科技金融生态的完善程度和发展程度可以体现科技金融的本质；在推动科技发展过程中，科技金融发挥了重要作用，如促进资源的有效配置，针对大量繁杂的信息进行快速处理，针对各种经济风险进行有效监督和管理，科技金融的这些功能都深刻地影响着经济的发展。[13]张紫璇和赵丽萍认为，经济发展的第一推动力是创新，并认为发达国家注重科技和金融的结合，二者相互影响，共同促进经济的增长，发达国家经济与发展中国家差距的主要原因就在于此，尤其是科技创新，并称科技和金融是经济增长的两翼。[14]

第二，定量研究。现有文献与科技金融相关的定量研究，主要分为两类。第一类是科技金融的评价及其效率测算，如曹颢等运用中国 2001—2008 年科技金融资源、经费、产出和贷款等相关面板数据，运用多元统计分析中的聚类分析方法对中国科技金融指数进行聚类，研究发现，中国科技型企业在融资需求与中国金融体制之间具有不易调和性。[15]许汝俊等采用中国长江经济带 11 个省市的相关面板数据，运用 DEA-Malmquist 指数研究科技金融的技术效率，并对 11 个省市科技金融的技术效率进行了评价[16]，其他学者运用贝叶斯（Bayes）随机前沿模型和三阶段数据包络模型。[17-19]第二类是研究科技金融对经济增长的影响作用，以及经济增长对科技金融的反馈作用。毛茜和赵喜仓研究了科技金融与经济增长之间的关系，发现不能用简单的线性关系描述科技金融创新与经济增长的关系，二者之间存在一个阈值，在阈值之内，科技金融对经济增长起正向影响作用；超过阈值，过度的科技金融投入则会对经济增长起负向影响作用。[20]刘文丽等根据经济发展水平，将中国分为东、中、西部，分区域检验科技金融与经济增长之间的关系，研究发现科技金融对经济增长的影响具有区域异质性，根据结论提出了相应的对策建议。[21]张芷若和谷国锋根据相关变量具有不同的空间统计特征，构建了三种不同的空间计量模型，研究中国不同区域科技金融与经济增长之间的关系，发现中国科技金融在东、西部呈现不同的特征，东部科技金融发展水平较高，西部科技金融发展水平较低，并且对经济增长的影响也呈现显著的区域性。[22]

由已有文献的研究内容可知，科技金融的概念和内涵相对比较广泛，属于一个综合的概念，但科技金融的重点仍然是强调通过支持科技研发，增加科研投入，促进科技创新，将科研成果市场化和规模化，最终促进产业结构升级。科技金融属于产业金融范畴，是指通过各种金融手段助推产业结构升级的活动。科技金融的参与者是政府部门、商业金融机构及资本市场、高新技术企业。政府部门把财政预算投入科技的预算部分及国家颁发实施的各种科技政策这两部分，归纳为财政科技投入；商业金融机构为高新技术企业提供科技贷款，科技贷款是一种用于支持科技创新产品在发展过程中各个阶段的融资工具；科技资本市场能够分散风险，对风险进行定价、分配及转移，为科技创新项目提供直接融资的活动场所。科技金融的直接目标是推动科技创新，促进产业结构升级。科技金融是以科技资本为依托，包括科技金融系统中所有参与者的内生化活动。

2.1.2 科技创新理论

科技创新是指新知识的产生、新技术的应用，以及新产品的生产到产业化的一系列动态过程。按照时间顺序可以将科技创新活动分为在理论层面进行创新，理论创新促进技术创新，将新技术、新产品产业化，其中理论创新是企业技术创新和产业化的源泉和先导，而企业技术创新和产业化则是科技创新最终价值实现的关键环节。从科技创新的内涵来看，科技创新主体将技术进行转移，促进新技术、新产品的出现，提升劳动生产率，将科研产品市场化和规模化，因此科技创新本质上就是技术在不同主体间进行转移，从而实现科技、技术、思想上的创新。国外学者最早从经济增长角度研究科技创新。熊彼特提出了技术创新理论，将“创新”作为经济范畴概念提出，并将创新与经济增长相融合。创新是经济增长不可或缺的动力，他详细阐述了技术创新、金融资源和经济增长三者之间的关系，并认为金融资源可以促进技术创新，技术创新可以促进经济增长。[23] Hicks认为，英国工业革命成功的原因众多，但不可或缺的原因是技术创新，而技术创新最重要的影响因素是金融，金融市场效率对技术创新效率起重要的正向影响作用。[24] 技术创新的周期性理论由Mensch（1973）提出，该理论认为经济周期会对技术创新产生重要的影响。在经济繁荣时期，技术创新更容易获得金融资源，对技术创新更有利；反之，则不利于技术创新。Freeman认为促进技术进步的原因众多，政府政策的促进作用必不可少，经济周期变动并不会对技术创新产生影响，并认为技术创新通过扩大产品市场、增加收入，对国家就业率具有提升作用。[25] Romer认为，科技创新水平是经济增长的主要原因，经济高质量发展的前提是科技创新水平的不断提高。[26, 27] 在新技术革命的推动下，基于熊彼特创新理论，King和Levine将“创新”的概念拓展为“技术创新”，并认为创新的重要推动力量是科学技术。[28] Russu等以欧盟国家为研究对象，研究发现，科技创新可以产生新技术、产生新产品，实现产业结构升级，最终促进地区经济的增长。[29]

中国学者也对科技创新进行了深入研究，并取得了众多成果。近年来新兴学科领域的不断涌现，如与大数据、互联网和人工智能等相关的学科，且这些新兴学科发展速度越来越快，新兴科学领域模糊了科学与技术的边界，使得创新和技术创新等词汇由科技创新所替代。傅家骥基于产业资源的视角，重新界定了技术创新模式，高科技产业在进行科技研发活动时，对高技术产业中的主体重新配置资源。[30]上官绪明和葛斌华发现科技创新可以显著提升经济发展质量，提高资源配置效率。[31]郑坚和丁云龙以高技术产业为研究对象，发现科技创新的投入和产出呈现不同的形式，据此将科技创新活动分为两个阶段：第一阶段是创新产出阶段；第二阶段是创新成果由实验室走向市场，进行规模化生产，并构建了不同的科技创新效率指标以适应科技创新的不同阶段。[32]孟卫东和王清首先运用数据包络模型两步法，度量了中国 2010 年 30 个省（自治区、直辖市）科技金融效率，科技金融效率在 0 ～ 1 取值，因此，若将科技金融效率作为因变量，该计量模型属于受限被解释变量模型，运用 ols 方法将导致计量结果不准确，运用 Tobit 法进行回归分析，对科技金融效率的影响因素进行深入分析。[33]高阳和程启智认为，经济发展方式转变的内生动力是科技创新，以山东省为例，分析山东省科技创新投入对经济增长的影响作用，发现为了推动经济增长不能仅依靠简单的科技投入，应该构建创新要素驱动型经济增长模式。[34]王慧艳等研究发现，中国科技创新与经济增长的关系在不同的地区呈现不同的效应，表现差异较大，科技创新对经济增长的驱动效应在东部表现最好，其次是中西部，东北部表现最差。[35]孙祁祥和周新发认为科技创新对经济增长的促进过程是一个复杂的过程，线性回归模型无法度量二者之间的关系。为实现科技创新驱动经济增长，基于不同层面研究二者的关系，在微观层面，提升高等院校、科技企业和科研机构的创新能力；在中观层面，提升地区价值链和产业链科技创新水平；在宏观层面，提升中国在世界各国的竞争力水平。[36]

综上所述，国内外学者认为科技创新会促进产业结构升级，进而促进经济体经济发展，科技创新的促进作用表现在如下三个方面：首先，科技创新可以催生新的发展动能、产生新的产业链、开发新的生产技术，因而可以促进产业结构优化升级；其次，科技创新可以有效提升资源利用率，对于生产要素的消耗率可以有效降低、重新配置生产要素，进而可以提升全要素生产率（TFP），最终促进经济增长；最后，科技创新具有空间效应和集聚效应，以点带面，一个地区的科技创新对周围地区的科技创新具有促进和带动作用，科技创新可以显著降低全社会的创新和生产成本。同时，国内外学者在研究科技金融对科技创新影响作用的过程中，将科技创新分为三个阶段，认为在科技创新的不同阶段，科技创新所起的作用有所区别。一是初始阶段。初始阶段具有正外部性，但是初始阶段具有“低收益、高风险”的特点，同时投资周期长和投入大，因此企业参与的积极性很低。针对这种情况，政府应实施积极的财政政策，如科技财政支持、免税及补贴政策等。二是产品化阶段。产品化阶段会减弱科技创新的正外部性，这个阶段属于“高风险、高收益”，因此风险投资机构是产品化阶段的主要投资机构，政府部门在此阶段起一定的指导作用。三是产业化阶段。科技创新产品化阶段后，应加大科技产品的生产规模，在产业化阶段，投资主体依然是风险投资机构，政府在此阶段起监督指导作用。

2.1.3 产业结构升级理论

国内外专家学者一直都非常重视产业结构升级的概念、内涵，众多学者对产业结构升级的概念和内涵进行了界定，产业结构升级理论主要分为两种理论体系：一种是与结构相关的理论体系；另一种是与价值链相关的理论体系。还有学者对产业结构与经济增长之间的关系进行了深入研究，具体如下。

1. 基于产业结构角度

产业结构的不断优化升级，即技术含量较低的产业被高技术含量的产业所代替，高附加值产业替代低附加值产业，最终产业结构由低级提升到高级、由不合理变成合理。对于劳动力在不同产业之间频繁转移，威廉·配第认为主要原因是不同产业收入存在差异。威廉·配第首次提出产业结构理论，并与科林·克拉克共同提出著名的“配第－克拉克定理”，该理论认为劳动力在第一、二、三产业之间转移的原因是第一、二、三产业的收入显著不同。他们发现第三产业的收入明显高于第二产业，第二产业的收入明显高于第一产业，因此劳动力逐渐从第一产业流向第二产业、从第二产业流向第三产业，导致产业结构逐渐升级。基于威廉·配第与科林·克拉克的研究成果，Kuznets 将产业部门分为三个，即与农业相关的部门、与工业相关的部门、与服务相关的部门，并将这三个部门分别作为第一产业、第二产业和第三产业的代表，以此来探寻产业结构升级的机制和路径，发现劳动力的改变在三个部门呈现不同的运动规律，农业部门劳动力数量呈下降趋势，工业部门短期不变并在长期过程中略有提高，服务部门的劳动力数量不断上升。Gereffi（1999）研究发现，创新对产业结构升级具有重要的提升作用，认为劳动密集型产业属于低附加值产业，资本和技术密集型产业属于高附加值产业，劳动密集型产业逐渐减少，而技术密集型企业和资本密集型企业逐渐增加，进而促进产业结构升级。Chenery 和 Syrquin 基于经济发展视角，研究产业结构在第一、二、三产业之间不断转变的规律，以发展中国家为基础，研究经济增长与产业结构优化升级之间的关系，构建了标准产业结构理论模型。[37] 该理论与发展中国家的发展状况比较符合，因此中国大部分学者将该标准产业结构理论模型作为基准模型，研究包括中国在内的发展中国家的产业结构升级。刘志彪认为，产业之间和产业内部资源的转移会提升资本效率，导致低技术、低附加值转变为高技术、高附加值，产业结构优化升级。[38] Poon 研究发现，生产劳动密集型产品往往具有较低的价值，生产资本或技术密集型产品往往具有较高的价值，劳动密集型产品转变为资本或技术密集型产品即为产业结构升级。[39] 计保平认为，与产业外部结构相比，产业内部结构的优化升级是产业结构升级的基础。[40] 李翔和邓峰基于产业经济学的视角，认为产业结构升级的顺序为产业结构单一化—产业结构多元化—产业结构高级化—产业结构合理化，并认为产业结构合理化是产业结构升级的最终形态。[41]

2. 基于产业价值链角度

产业价值链视角是基于国际视角界定产业结构升级，无论是企业的竞争力还是生产能力增加均为产业结构升级，产业结构升级包括产业由劳动密集型产业转向技术密集型产业和资本密集型产业。全球价值链理论强调经济体的市场竞争力由弱变强的过程，在这个过程中，经济体首先处于低端价值链，经过产业结构的优化升级，经济体处于高端价值链的过程。Kaplinsky 和 Readman 分别阐述了创新和产业升级的内涵，企业通过改变生产工艺，以此创造新的产品就是创新；与竞争对手相比，企业可以更好、更快地适应市场环境的变化就是产业结构优化升级。[42] Humphrey 和 Schmitz 基于全球价值链视角，考察产业结构优化升级模式，他们将产业结构优化升级分为四个步骤。第一步，将工艺流程优化升级；第二步，将功能升级；第三步，在前两步的基础上，将产品质量进行升级；第四步，跨链条进行升级。[43] 基于全球价值链视角下研究分析产业结构优化升级，中国很多学者也对此做出了自己的贡献。陈荣耀研究发现，发展中国家要实现与发达国家竞争，甚至超越发达国家，实现产业结构升级，必不可少的条件就是持续提升资本质量，不仅要融入全球价值链，而且在全球价值链的关键环节占据位置，与其他国家相比，自身要有核心竞争力，同时在全球价值链中发挥链式效应。[44] 张明志和李敏认为，在全球价值链分工中，产业结构优化升级模式只有两种：第一，在产业之间优化升级，该种模式强调产业结构在不同产业之间进行优化和升级；第二，在产业内部优化升级，该种模式强调产业附加值和技术等由低端向高端转化的过程。[45] 刘仕国等基于全球价值链视角，发现知识具有扩散效应，该效应是产业结构实现优化升级，发展中国家超越发达国家的主要原因。[46] 这个观点与其他学者有所不同，其他学者认为，发展中国家超越发达国家的主要原因是技术创新。余东华和田双认为，中国要想实现产业结构升级必须融入全球价值链中。研究发现，在全球价值链中的地位和产业结构优化升级程度之间并不是简单的线性关系，而是一种 U 形关系，即在低端的情形下，全球价值链地位的提升不利于产业结构优化升级，当全球价值链地位超过一个阈值，全球价值链地位的提升会促进产业结构优化升级。[47]

3. 产业结构升级与经济增长之间的关系

产业结构升级与经济增长的关系主要包括以下两个方面：第一，产业结构优化升级可以对资源重新进行优化配置，提升生产要素的使用效率，从而可以促进经济高质量发展。第二，产业结构升级对科技创新具有促进作用，淘汰旧产业、产生新产业，促进产业结构由高级化向合理化转变，促进经济高质量发展。熊彼特发现产业结构升级过程就是旧的产业不断被抛弃、新的产业不断诞生的过程，并且发现产业结构升级会显著促进经济发展水平的提升。[23] 中国经济学家林毅夫建构了适合发展中国家的新结构主义经济学理论体系，林毅夫等认为，经济发展过程就是产业结构优化升级过程；产业结构优化升级是经济发展的重要组成部分，产业结构升级与经济发展之间存在密切的关系。[48] 郭晨和张卫东以中国新型城镇化为例，研究产业结构升级与经济发展质量之间存在的关系，发现经济发展质量的关键要素之一就是产业结构升级。[49] 陈德余等运用 2008—2017 年中国 30 个省（直辖市、自治区）相关面板数据，研究金融科技创新、产业结构升级与经济发展之间的关系，研究发现，金融科技创新、产业结构升级与经济发展三者之间存在显著的正向因果关系。[50] 周建军等运用中国 2004—2016 年 30 个省（直辖市、自治区）相关面板数据，构建空间动态面板模型，发现产业结构升级对经济增长的影响具有门槛效应，产业结构升级水平低于门槛值，会促进经济发展，但是产业结构升级高于门槛值，则会导致经济增长速度变慢。[51]

2.2 文献综述

为探析科技金融、科技创新与产业结构升级三者之间的关系，本节将相关文献进行归纳整理，与前面章节的理论分析内容相结合，共同为后面的实证分析提供参考与理论依据。综合国内外相关文献，学者对科技金融、科技创新与产业结构关系进行研究的视角可以概括为三种：一是科技金融与科技创新的关系，二是科技金融与产业结构升级的关系，三是科技创新与产业结构升级的关系。本节将主要围绕这三个研究视角对国内外已有文献进行回顾与评述。

2.2.1 科技金融与科技创新的关系

国外学者并未将科技金融进行严格的界定，主要基于科技金融的某一具体主体，如银行等传统金融机构、风险投资机构、资本市场等，研究科技金融与科技创新的关系。20 世纪初，国外已有部分学者对金融和创新的关系进行研究。熊彼特首次系统地研究了创新和金融之间的关系，阐述了货币、信贷等金融工具对创新的作用和经济发展的作用。[23] 20 世纪 90 年代，美国硅谷快速崛起，代表了科技的力量；同时华尔街也快速崛起，代表了金融资本的力量，华尔街对硅谷的发展起到了金融支持的作用，因此，众多国外学者开始关注金融与科技创新的关系。针对科技金融与科技创新之间关系，已有文献基于不同的视角进行了研究，本书经过总结分析，将其大体上分为三类：一是科技金融推动科技创新；二是科技创新推动科技金融行业转型升级；三是科技金融与科技创新的协同发展。下面分别对这三类的文献进行阐述。

1. 科技金融推动科技创新

科技创新企业具有投入较高、风险较大、收益不确定性较大等特点，因此融资渠道受到较大限制，尤其对于种子期的科技创新企业更是如此，因此科技创新的发展需要金融体系的支持。科技金融对科技创新的影响主要体现在以下三个方面：第一，金融通过资金支持的方式对科技创新产生影响。金融体系利用自身的优势将社会闲散资金进行聚集，支持潜力巨大、发展前景好的科技企业，将科技成果转化为新产品。第二，金融体系利用自身的优势分散和控制科技创新企业面临的风险。在科技创新的过程中，需要不断试错，在这一过程中面临着各种各样的风险，科技金融利用审查机制对科技创新项目进行筛选和判断，挑选有价值、有前景的项目进行金融支持，金融市场分散和控制科技创新企业面临的风险。第三，种子期的科技创新企业缺乏管理人员，大多为科研技术人员，缺乏资产管理、资金筹集、兼并收购等方面的经验，而金融机构可以为科技创新企业提供专业化的金融服务。国外学者没有将科技金融进行严格界定，但他们分别基于宏观层面（国家层面）和微观层面（企业层面）深入研究了金融对科技创新的影响作用。关于科技金融与科技创新二者关系的研究，主要反映在科技金融对科技创新活动的资金支持。

企业层面上，国外的研究如下：熊彼特（1912）最早意识到金融在创新过程中所起的巨大作用，认为金融机构对拥有先进技术的企业提供金融支持，对科技创新和经济高质量发展起显著的正向影响作用，他首先认为金融与科技创新之间存在显著的因果关系，金融体系对科技创新起显著的正向影响作用。20 世纪中期以来，随着资本市场的不断发展及金融创新的加快，学者对有关科技金融与科技创新之间的关系进行了深入研究。Hicks 阐述了金融市场、技术创新和产业革命之间的关系，他认为与技术创新相比，金融市场对产业革命的影响作用更大，因为产业革命需要持续的资金支持，而金融体系是资金的来源。[24] Saint Paul（1992）认为，金融市场是原因，科技创新是结果，二者之间存在显著的因果关系，金融市场为科技创新提供了支持，并降低了科技创新风险，对科技创新起显著的正向影响作用。King 和

Levine（1993）在内生增长模型的基础上，对金融与创新之间的关系进行研究发现，金融系统通过融资、挑选项目、评估风险等方式，对企业的创新活动起正向影响作用。Schwartz 等认为金融与科技创新活动之间存在显著的正相关关系，金融对企业的创新和发展起重要的支持作用，这些研究都肯定了金融和科技创新二者之间必然存在某种关联。[52] Carlota Perez 基于技术与经济范式演进视角，研究科技创新和金融资本的关系，将企业的发展分为四个阶段——创业、成长、成熟和衰退，认为金融资本对科技创新起着重要的影响作用，且位于不同阶段产生不同的影响作用。同时认为，在企业发展的后两个阶段，金融资本疯狂地进入该领域获取巨额利润；而在技术革命的衰退阶段，金融资本则会从相关领域退出，变成闲置资金以转向其他方面的投资。[2] Giudici（2000）以美国、英国和意大利等国家小微型高科技企业为研究对象，研究企业融资渠道的多样化对企业创新项目的影响，研究发现，企业融资渠道广可以显著促进企业的创新活动，企业融资渠道狭窄会导致创新项目缺乏足够的资金，因而影响企业的创新活动。Dushnitsky 和 Lenox 对风险资本投资额与企业授权专利数量之间的关系构建面板数据模型，研究发现，企业增加风险资本投资可以显著提高企业的授权专利数量。[53] Hyytinen 和 Toivanen 以芬兰中小型企业为研究对象，对资本市场与创新之间的关系进行研究，研究发现，资本市场体制的完善程度对科技创新起重要的影响作用，即完善的机制对科技创新起正向影响作用，不完善的机制对科技创新起负向影响作用，但政府财政支出对科技创新起正向影响作用。[54] Lee 和 Park 基于国家层面，以韩国为研究对象，探讨金融体系与科技创新之间的关系，研究发现，如果企业在科技创新过程中出现资金短缺问题，政府可以通过完善的金融体系予以解决，会显著促进国家科技创新体系的完善。[55] Chou

和 Chin（2006）研究金融与科技创新之间的关系，发现金融产品创新对科技创新起正向影响作用。Neff[56]、Barbara 和 Weber[57] 均认为，金融支持与企业的创新存在显著的正相关关系。Jeong 和 Towsend（2007）发现，金融发展对科技创新起正向影响作用。Benfratello 和 Razzolini 以意大利地方银行为研究对象，运用面板数据模型，研究发现银行数量对科技创新起显著的正向影响作用。[58] Legrand 和 Pommet 运用回归模型，实证分析银行等金融机构与企业创新项目数量之间的关系，研究发现银行等金融机构对企业提高的资金支持力度越大，则企业创新项目数量越多，且二者的正相关关系在 Kendall 一致性系数下显著成立。[59] Carlota 认为，风险资本一般遵守"高风险、高收益"准则，会倾向于投资新技术领域，因为新技术领域风险高，同时收益也高，因此风险资本对技术创新起显著的正向影响作用。[60] Po-Hsuan Hsu、Chong Wang、Chaopenge Wu（2013）构建面板数据模型，以中国为研究对象，研究银行等金融机构对当地创新的影响作用机制和路径，将信贷市场指数作为银行的度量指标，将省级专利流动数作为创新的度量指标，研究发现，信贷市场指数对省级专利流动数起正向影响作用，即银行等金融机构对创新起正向影响作用。[61] Chowdhury 和 Min 以发达国家为研究对象，研究金融发展水平与企业研发投入之间的关系，研究发现，二者之间存在显著的自相关关系。[62] Ilyina 等针对金融资源和创新强度之间的因果关系进行研究，发现企业为提升创新水平，应优先配置金融资源。[63] Po-Hsuan Hsu、Chong Wang 和 Chaopeng Wu 立足于中国视角，研究在新兴经济体背景下，金融体系与创新二者之间的因果关系，研究发现，金融体系对创新的增值功能和培育作用起显著的正向影响作用。[64] Ana Paula Aria 和 Natal Barbados（2013）以 17 个欧盟国家为研究对象，构建面板数据模型，对风险资本与创新之间的关系进行实证分析，研究发现，风险资本对企业创新起显著正向影响作用。Amore 等以美国州际银行为研究对象，并用专利数度量科技创新，研究发现，银行等金融机构对企业提高资金支持，可以显著提升企业科技创新水平。[65] Atanassov 等以美国上市公司为研究对象，运用面板数据模型研究融资与科技创新之间的关系，研究发现，如果公司融资的方式多样化则对科技创新起显著的正向影响作用；如果公司只能通过银行贷款融资，则科技创新的数量将显著降低。Hsu、Xuan、Yan 运用面板数据模型，为使研究结论更具一般性，研究对象既包括发达国家又包括发展中国家，研究发现，外部融资模式对创新在 5% 的显著性水平下起显著的正向作用。[66] Guariglia 和 Liu 以中国 2 万多家非上市企业为研究对象，运用欧拉方程结构模型，研究融资约束与企业创新活动之间的关系，研究发现，针对不同类型的企业，融资约束对创新活动的影响程度具有差异性，按照影响程度从大到小依次为私营企业、外企、集体企业和国有企业。[67] Subash Sasidharan 等（2015）运用欧拉方程模型，研究融资约束与公司研发之间的关系，研究发现，如果企业科技研发支出较低，则企业的盈利能力较低，且企业外部融资数额也降低。因此，可知融资约束会显著降低企业的研发投资，进而对企业创新起负向影响作用。[68] Chang Wei、Din Yugo、WangJaping（2014）立足中国视角，构建向量自回归模型，研究银行贷款与绿色实体产业创新之间的关系，研究发现银行贷款对绿色实体产业创新起显著的正向影响作用。Hus 等以 32 个国家为研究对象，研究融资模式与科技创新之间的关系，发现股票和信贷等外部融资方式对科技创新能力起正向影响作用。Maksimovic 等立足新兴市场，以高技术企业为研究对象，实证分析金融与创新之间的关系，研究发现，如果企业由金融机构控股，则该企业科技创新效率显著高于其他机构控股的企业。Song、Ai 和 Li 以民营上市企业为研究对象，将民营上市企业分为两类，即有政治背景的和没有政治背景的，实证分析政治背景对企业创新效率的影响，研究发现，与缺乏政治背景的民营企业相比，有政治背景的民营企业融资更容易，因此有政治背景的民营企业创新效率更高。[69] Subash Sasidharana、Jijo Lukoseb 和 Surenderrao Komera 立足印度制造业企业，研究融资限制对企业研发支出的影响，研究发现融资限制对研发支出起显著的负向影响作用。[70] Seokchin Kim、Hyunchul Lee 和 Joongi Kim 以韩国上市公司为研究对象，运用面板数据模型，研究银行贷款等间接外部融资、债券和股票等直接外部融资模式对企业技术创新活动的影响，研究发现间接融资模式对技术创新活动产生显著的负向影响作用，直接外部融资模式对技术创新活动产生显著的正向影响作用。[71] Arena 等将融资工具进行分类，发现在不同时期，融资工具对高技术产业产生不同程度的影响，在高技术产业初级阶段，财政拨款对技术创新起显著的正向影响作用。[72] Wang、Zou、Zheng 等研究发现，不同类型的产业政策及这些政策的组合与技术创新之间存在差异性。[73] Liu、Chen 等以中国 A 股上市公司为研究对象，研究科技金融与科技创新之间的关系，运用 2SLS 系统广义矩估计发现，科技金融三个度量指标——银行贷款、股权融资和内部融资对科技创新的影响作用程度不同，其中银行贷款对科技创新的影响最大，股权融资对科技创新的影响其次，内部融资对科技创新的影响最小。[74] Kou、Yang 和 Chen 以北京市中关村科技园区企业为研究对象，基于供给和需求两个角度，对研发资金来源与科技创新之间的关系进行研究。研究发现，针对不同规模的企业，外部融资渠道对企业创新过程的影响作用存在差异性。同时在技术创新的不同阶段，二者之间的关系程度也存在差异性，在技术创新过程的初级阶段，供给侧的补贴对创新的影响更为显著；在技术创新过程的成熟阶段，风险投资对创新的影响更为显著。[75]

近年来，中国的科技创新活动日趋活跃，但由于金融市场和金融体系不完善，高科技企业在创业和发展过程中普遍面临融资难的问题，在此背景下，国内学术界围绕科技创新的金融支持问题也展开了诸多研究。科技创新具有投入较高、风险较高的特点，科技创新的发展需要科技金融的支持。国内学者主要从理论和实证两个方面研究科技金融与科技创新之间的关系。基于理论的角度，主要从以下三个方面研究分析科技金融对科技创新的作用机制和路径：一是对于科技创新遇到的融资难、融资贵等问题，科技金融通过提供资金支持的方式给予解决。二是科技金融利用自身的优势对有潜力、发展前景好的创新项目进行筛选。三是科技金融管理和监督科技创新活动。从实证方面来说，国内大多数学者从政府主导和市场主导两个角度分析科技金融对科技创新的影响。吴楠基于机制、体制、组织结构和工具等视角，运用理论分析法，详细阐述科技金融对科技创新的促进作用和机制。[76]李颖等以广东省 21 个地级市为研究对象，研究金融与科技创新之间的关系，运用面板数据模型发现，金融发展对广东省科技创新效率起显著的正向影响作用，银行、保险和资本市场对科技创新效率的影响程度不同，银行和保险对科技创新效率的影响并不显著，资本市场对科技创新效率影响在统计意义下更显著。[77]凌江怀等研究发现，金融和科技创新之间存在显著的因果关系，金融约束会阻碍科技创新的发展，为科技创新提供大量资金支持，可以显著提升科技创新水平、优化产业结构升级。[78]韩莉基于政府的视角，对科技金融与科技创新之间的关系进行理论分析，认为财政金融政策与科技创新之间存在显著的正相关关系，但是这种关系还有改进的余地，如可以调整财税的结构、扩大财税的规模。[79]朱欢以中国 31 个省（直辖市、自治区）为研究对象，构建固定效应模型，研究科技金融和科技创新之间的关系，发现银行贷款规模对科技创新起显著的正向影响作用，然而股票市场的融资与科技创新之间的线性关系并不显著。[80] 陈敏和李建民运用中国省级面板数据，采用随机前沿函数模型（SFA），实证分析金融中介对科技创新效率的影响作用。研究发现，金融中介对科技创新效率和支持强度起显著的正向作用，金融中介规模对科技金融起显著的负向影响作用，并且这些影响作用在不同地区的影响程度不同。[81] 赵稚薇以中国 22 个省（直辖市、自治区）为研究对象，将科技金融的度量指标界定为政府财政科技支出、金融机构科技贷款和创业风险投资三个指标，实证分析科技金融与科技创新之间的关系，发现科技金融的第一个和第二个度量指标对科技创新起显著的正向影响作用，第三个度量指标对科技创新起负向影响作用，但是在 1% 显著性水平下并不显著。[82] 徐玉莲和王宏起首先从理论上分析科技金融和科技创新的关系，认为科技金融对科技创新具有促进作用，选取 1994—2008 年时间序列数据，实证分析科技金融和科技创新之间的关系，由于样本量过小，导致格兰杰检验统计量具有非规则渐进分布，采用 Bootstrap 仿真方法，发现财政科技投入、科技资本市场与分析投资资产对科技创新有显著的正向作用，但是银行科技信贷与科技创新之间的线性关系并不显著。[83] 马彦新以 30 个省份为研究对象，实证分析金融支持对高技术产业自主创新的影响作用，研究发现金融中介和股票市场均显著提升了高技术产业自主创新水平，与金融中介相比，股票市场对高技术产业自主创新能力产生更大的推动作用。[84] 郭非寒以中国 24 个省份为研究对象，将科技金融构成主体分为金融机构科技贷款、财政科技投入和资本市场，并将科技创新分为两个阶段，即投入阶段和市场化阶段。运用面板数据模型发现，在科技创新的不同阶段，科技金融对科技创新产生不同的影响，如在科技创新投入阶段，金融机构科技贷款和财政科技投入对科技创新起显著的正向影响作用；在科技创新市场化阶段，金融机构科技贷款和财政科技投入对科技创新却没有显著的相关关系，资本市场对科技创新产生了一定程度的抑制作用。[85] 吴翌琳和谷彬以中关村企业为研究对象，运用CDM模型研究科技金融和科技创新之间的关系，发现科技金融服务体系可以显著促进不同资本的创新。[86] 罗嘉雯和陈浪南以珠三角地区为研究对象，构建面板向量自回归模型，实证分析科技金融和科技创新之间的关系，研究发现，科技金融对科技创新起显著的正向影响作用。[87] 王认真构建空间计量模型，选取2003—2011年中国相关省级面板数据，基于空间视角，研究中国科技金融和科技创新之间的关系，研究发现，科技金融和科技创新均具有空间溢出效应，科技金融不仅对本地区科技创新起显著的正向影响作用，而且对周围地区科技创新起显著的正向影响作用。[88] 芦锋和韩尚容以中国29个省（直辖市、自治区）为研究对象，按照主导对象不同，将科技金融分为政府主导和市场主导，将科技创新过程分为三个阶段，即技术创新阶段、成果转化阶段和产业化阶段。在不同阶段科技金融对科技创新产生不同的影响，在第一阶段，市场主导的科技金融对科技创新起显著的正向影响作用，政府主导的科技金融对科技创新起显著的抑制作用；在第二阶段，科技金融对科技创新没有影响作用；在第三阶段，市场主导的科技金融对科技创新起显著的正向影响作用，政府主导的科技金融对科技创新影响作用并不显著，并且在不同地区具有异质性。[89] 张玉喜和赵丽丽根据时间的长短，研究科技金融与科技创新之间的关系，研究发现，在短期内，科技金融对科技创新起显著的正向影响作用，但是在长期内，科技金融对科技创新的影响作用并不显著。根据经济发展程度的不同，将中国分为东、中、西部，并发现科技金融对科技创新的影响作用具有区域异质性，在东、西部地区，企业自有资金和社会资本对科技创新起显著的影响作用，在中部地区政府财政支出对科技创新起显著的影响作用。[90]叶莉等以中国 322 家中小板、创业板科技型企业为研究对象，运用静态和动态面板数据模型对科技金融与科技创新的关系进行实证分析，政策性金融和自主型资金均对科技创新起显著的正向影响作用，与自主型资金相比，政策性金融的影响显著性更强。[91]余波以广东省 21 个地级市为例，将科技创新分为三个阶段，即孵化、产品化和产业化，分别从理论和实证两个方面，研究广东省科技金融与科技创新的关系。他运用数据包络模型度量广东省科技金融效率，发现科技金融对科技创新起显著的正向影响作用，同时在科技创新不同阶段产生影响程度不同。[92]陈佳媚立足中国珠三角地区，将科技金融分为政府主导的科技金融和市场主导的科技金融两种类型，实证分析两种类型科技金融对科技创新的影响作用，运用面板数据模型发现不同类型的科技金融对科技创新产生差异性的影响。[93]刘文杰以广东省为例，运用因子分析模型提取科技创新因子和科技金融因子，构建包含科技创新和科技金融的 VAR 模型，分析科技创新和科技金融之间的关系。研究发现，科技创新与科技金融之间存在均衡关系，科技金融对科技创新起显著的正向影响作用。[94]杜江等根据中国 29 个省（直辖市、自治区）的地理特征和经济状况，分别构建了空间地理权重矩阵和空间经济权重矩阵，计算全局性 Moran 指数，发现中国 29 个省（直辖市、自治区）的科技创新存在显著的空间溢出效应，运用空间杜宾模型（SDM）发现，科技金融对科技创新起显著的正向影响作用。[95]黄继忠等运用 DEA-Malmquist 方法度量科技金融效率和科技创新效率，以科技金融效率为解释变量，科技创新效率为被解释变量，运用广义矩估计（GMM）模型度量科技金融对科技创新的影响作用。研究发现，科技金融对科技创新起显著正向影响作用。[96]曹文芳以湖北省 17 个地级市为研究对象，运用回归分析模型实证研究科技金融与科技创新二者之间存在的关系。研究发现，科技金融对科技创新起显著的正向影响作用，但是科技金融不同的度量指标对科技创新的影响程度不同，公共科技金融对科技创新的影响程度最大，银行科技贷款对科技创新的影响程度次之，创投风险资本对科技创新的影响程度最小。[97] 郑磊和张伟科以中国 29 个省（直辖市、自治区）为研究对象，认为科技金融与科技创新之间并非简单的线性相关关系，二者之间存在复杂的非线性关系，构建面板门槛模型，并将经济发展水平作为门限变量。研究发现，科技金融对科技创新的影响有显著的门槛效应，根据中国经济发展水平，将中国分为东、中、西部，发现经济发展水平的门槛效应在不同地区呈现不同的特征。[98] 张宽和黄凌云运用面板固定效应模型和 2SLS 模型实证分析金融发展对区域创新质量的影响，研究发现金融发展对城市创新质量具有显著提升作用。[99] 路启梅等研究发现，并不能用简单的线性关系描述科技金融发展水平与制造业自主创新能力之间的关系，二者之间存在复杂的非线性关系，构建面板门槛模型，以科技创新为门槛变量，对科技金融与创新能力之间的关系进行实证分析，结果表明科技金融对创新能力的影响先呈现递增趋势，然后呈现递减趋势。[100] 常亮、罗剑朝以陕西省 237 家企业为例，运用规模报酬可变径向 DEA 模型，度量科技创新技术效率，由于科技创新技术效率取值在 0 ～ 1，该计量模型属于受限被解释变量模型，运用 Tobit 模型实证分析科技金融对科技创新的影响，同时运用政府财政科技投入、科技资本市场投入、金融机构科技投入和企业内部科技投入作为科技金融的度量指标。研究发现，前两个度量指标与科技创新效率之间存在显著的正相关关系；后两个指标与科技创新效率之间存在显著的负相关关系。[101] 耿宇宁等以中部六省为例，构建科技金融度量指标——财政科技投入、商业银行贷款、资本市场融资、创业风险投资，运用固定效应面板分位数回归模型分析科技金融的四个度量指标与技术创新之间的关系。研究发现，财政科技投入由于降低企业研发投入，抑制了技术创新；在一定程度上，商业银行贷款和创业风险投资均对技术创新起正向影响作用；而资本市场融资对技术创新的影响分为直接效应和间接效应，而且两种效应均会抑制技术创新。[102]孔瑞玲（2021）选取直接科技金融、间接科技金融和科技金融支持政策三个指标，度量广州市科技金融水平，运用回归模型实证分析科技金融与科技创新之间的关系。研究发现，广州市科技金融与科技创新之间存在正相关关系，并且发现三个度量指标对科技创新影响的显著程度，按照科技金融支持政策、直接科技金融和间接科技金融顺序依次降低。[103]

2. 科技创新推动科技金融行业转型升级

金融发展的一个显著特征是科技与金融的深度融合，可以说“无科技，不金融”深刻阐述了科技金融的内涵，中国金融行业的每一次变革，都与科技的发展有密切关系。第一，科技创新在技术方面为金融提供支持。同时，大数据技术、互联网技术和人工智能等科技创新成果对金融行业的服务效率和质量均有显著的提升作用，节省了金融行业的运营成本，全方位提高了金融机构在获客、业务创新、服务、风险控制和资产管理等方面的能力。第二，科技创新不仅对新兴产业具有促进作用，并且可以直接促使新兴产业的诞生，对金融机构的投资起到引导作用，提高了社会闲置资金的使用效率。科技金融和科技创新深度融合，使两个相互独立的行业相互促进，发展趋势呈螺旋状上升，科技金融和科技创新合力推动经济和社会的发展，促进社会资源合理配置，产生“1 + 1 > 2”的协同效应。

科学技术是推动社会经济发展的重要力量。科技创新能助推金融创新，同时也需要金融创新的支持。国内外学者从不同视角研究了科技金融和科技创新问题。国外学者主要从金融与科技创新的互动关系方面进行研究，探讨科技创新对科技金融发展的重要推动作用。Stulz（2000）以银行为研究对象，研究科技创新与企业融资成本之间的关系，发现科技创新可以显著促进资金使用效率。Berggren（2000）以瑞典中小企业为研究对象，研究企业的融资现状与技术创新之间的关系，发现技术创新会显著降低企业的外部融资成本。Berger 等发现，科技创新对银行创新起正向的影响作用，科技创新会显著促进银行经营模式和范围。[104] Revilla 发现，技术创新对金融创新起正向影响作用，可降低企业的融资成本、改变企业融资模式。Chowdhury（2012）研究发现，科技创新对银行等金融机构起正向影响作用，可降低银行运行成本、增加银行盈利能力。

关于科技创新对科技金融的影响，国内学者认为科技创新对科技金融的发展起显著的正向影响作用，科技创新对金融发展起显著的限制作用。杨青和安玉川以美国为研究对象，发现技术创新的发展会提升金融发展效率，降低企业直接融资成本。[105] 王新红验证企业的融资能力、技术创新能力与企业持续发展三者之间的关系，研究发现，企业的技术创新能力对企业融资能力起正向影响作用，同时企业的技术创新能力促进企业可持续发展。[106] 康晶和王娜以成长型中小企业为研究对象，基于制度层面和资源层面研究企业融资能力的内部影响因素。研究发现，在资源层面上，企业的技术创新对企业融资能力起正向影响作用；在制度层面上，组织管理结构对企业融资能力起正向影响作用。[107] 赵凤义和莫燕以北京和上海等地区的科技型小微企业为例，研究企业融资能力的影响因素，研究发现技术创新与人力资源对企业融资能力起正向影响作用。[108]张元萍和刘泽东从理论分析和实证分析两个视角，研究金融发展与基础创新之间的关系，构建联立方程模型。研究发现，金融发展对技术创新起显著的正向影响作用，反之技术创新对金融起显著的正向影响作用，二者之间具有良好的协同作用。[109]俞立平采用实证分析方法，对金融与科技创新之间的关系进行深入研究。研究发现，金融与科技创新之间协同度不足，科技创新对金融起显著的正反馈作用，反之则需要时间的积累。[110]戚湧和郭逸以江苏省为研究对象，研究科技金融与科技创新之间的关系，通过时间序列数据模型，发现江苏省科技创新对科技金融起显著的正向影响作用，但是江苏省科技金融对科技创新的影响在统计意义上不显著。[111]周雷等研究技术与金融之间的关系，研究发现 AI、区块链等现代技术会促进金融效率的提升，并且降低金融风险。[112]吴勇民和王倩构建逻辑回归模型，研究金融与技术之间的协同演化机制。研究发现，技术对金融影响程度较大，而金融对技术影响程度较小。[113]

3. 科技金融与科技创新的协同发展

Helpman 认为，技术发展与金融资本积累之间存在互相影响的关系，即技术的提高有助于金融资本的积累，同时金融资本对技术有促进作用。[114]Neff 发现，金融的发展水平对企业的科技创新起重要影响作用，二者之间存在相互影响作用。[56]Siong Hook Law 等以 75 个发达国家和发展中国家为研究对象，选取 1996—2010 年面板数据，构建 GMM 模型。研究发现，金融与创新之间并不是简单的线性关系，二者之间存在倒 U 形非线性关系，即金融对创新的影响存在一个阈值，当金融水平低于这个阈值，金融对创新起正向影响作用，当金融水平高于这个阈值，金融对创新起负向影响作用。研究还发现，倒 U 形曲线与国家的制度质量存在密切关系，金融与创新的倒 U 形关系只存在于制度质量较高的国家。[115] Barkat Ullah（2019）以 30 个转型经济体为研究对象，30 个转型经济体既包括发达国家也包括发展中国家，调查了 5982 家公司，研究发达国家和发展中国家企业创新与金融的关系有何区别。研究发现，金融与创新之间呈显著正相关关系，与发达国家相比，金融与创新的相关关系在发展中国家更显著。同时发现，创新与金融的融合程度有巨大的提升空间。

通过梳理国内外研究现状可以发现，对于金融发展促进科技创新影响机理的研究较多，而对于科技创新如何促进科技金融发展，以及科技金融与科技创新融合发展的研究相对较少。近年来，随着中国创新驱动战略的不断实施和推进，科技创新与科技金融的融合发展问题开始受到国内学者的关注，一些学者尝试采用空间计量模型、GMM 模型回归法及 DEA 模型等方法对科技创新与科技金融的协同效应进行分析。房汉廷认为，科技创新与金融创新之间的关系应该是相辅相成、相互促进的。[4] 王宏起和徐玉莲构建有序度模型和复合系统耦合协同度模型，对科技创新与金融之间的关系进行研究。研究发现，科技金融和科技创新虽然都呈上升趋势，但上升趋势幅度不同，与科技创新相比，科技金融上升趋势不明显，且在上升趋势中有较大的波动幅度，科技金融与科技创新的协同度较差，并未形成良好的协同发展机制。[116] 胡援成和吴江涛认为，应该构建科技与金融有效融合的机制，运用科技创新完善金融体系，努力创造良好的条件，以此来保证科技金融的有序运行。[117] 张明喜认为，所谓科技金融就是将金融创新与科技创新融合在一起，为提高国家自主创新能力，应该建立科技金融与科技创新协同发展机制。[118] 童藤运用因子模型构建金融创新评价指标体系，运用灰色关联度模型，研究金融创新与科技创新的耦合度，研究发现金融创新与科技创新二者之间存在互为因果关系。[119]基于协同理论，和瑞亚和张玉喜以中国28个省（直辖市、自治区）为研究对象，运用耦合协调度模型，研究发现中国大部分地区科技金融和科技创新发展速度并不一样，其中科技创新发展较快，而科技金融发展较慢，因此二者之间的耦合协调度不是很高。[120]张林和李雨田以中国30个省（直辖市、自治区）为研究对象，分别从理论分析和实证分析两个视角研究金融与科技创新之间的关系，构建耦合协调度模型。研究发现，中国金融与科技创新耦合协调度仍需完善，同时二者的耦合协调度存在区域异质性，中部地区明显好于西部地区。[121]王仁祥和杨曼基于理论层面，认为金融与科技创新之间一定存在最佳的耦合性，构建两阶段广义矩估计模型，研究金融、科技创新与经济效率三者之间的关系，研究发现金融与科技创新的融合对经济效率起显著的正向影响作用。[122]周启运认为，中国科技金融与科技创新的协同度虽然取得很大的进步，但是二者之间的协同度仍需完善。[123]张林以中国30个省（直辖市、自治区）为研究对象，构建静态和动态空间面板模型，研究金融、科技创新与实体经济三者之间的关系。研究发现，金融和科技创新各自独立地对实体经济起显著的正向影响作用，但是二者相结合与实体经济的相关关系却在统计意义下不显著，他认为金融和科技创新的融合度有限。[124]王明英运用中国2005—2014年相关面板数据，研究科技创新与科技金融之间的关系，运用耦合协同度模型，研究发现，中国科技创新与科技金融的耦合协调度还没有达到预期效果，但是二者之间的协同度一直处于上升趋势。[125]张江朋等以中国29个省（直辖市、自治区）为例，并将29个省（直辖市、自治区）分为5个区域，运用复合系统协同度评价模型，研究科技金融和科技创新之间的有序度和协同度，研究发现二者之间的关系具有显著的空间异质性。[126]王仁祥和付腾腾以湖北省为例，研究科技金融与科技创新的耦合度，运用函数模型发现，科技金融与科技创新耦合度脆弱性呈现“下降—上升—下降”运动轨迹。[127] 杨嫩晓和安则同以陕西省为例，运用熵权法和复合系统协同度模型，构建陕西省科技创新与科技金融评价指标体系。研究发现，科技金融与科技创新之间的协同度虽然未达到预期，但是科技金融与科技创新的协同度一直处于上升趋势，二者之间协同度未达到预期的主要原因是由于科技创新水平快于科技金融水平。[128]

综上所述，国内外学者从不同角度对科技金融与科技创新进行了研究，主要存在以下几种情况：一是主要研究金融和科技对创新的影响，较少研究科技金融对科技创新的影响；二是对科技金融和科技创新的评价多采用单一指标进行度量；三是大多数文献没有考虑科技金融对科技创新影响的非线性特征。

2.2.2　科技金融与产业结构升级的关系

根据钱纳里工业化阶段理论，产业结构升级是决定经济持续增长的决定性因素，在后工业化时期，产业结构将由资本密集型产业为主导转变为技术密集型产业为主导。产业结构优化升级需要大量资金的注入，需要金融体系对产业结构升级的支持。所以，1969 年 Hicks 提出了“产业革命发生之前发生金融革命”的论断。此外，金融发展通过优化资源配置，抑制工业的粗放式增长，促进生产向中高端转型。1999 年，Jain 认为，加大对农户的金融支持，放松农户获得金融服务的限制，使农户很容易获得金融资源，将有利于农户的小农经济转向规模产业经济。Avnimelech 和 Teubal（2004）以以色列高新技术产业集群为例，研究风险资本和产业结构升级之间的关系。研究发现，在 20 世纪 90 年代以色列高科技产业快速发展的原因就是风险资本投资提升了制造业高新技术所占的比值。[129] Faria和Barbosa（2014）以欧盟17个国家为研究对象，构建面板数据模型，研究风险资本、创新和产业结构升级三者之间的关系。研究发现，风险投资会提升专利申请数量，专利申请数量的提升会促进产业结构升级。[130]

近年来，中国学者针对科技金融与产业结构升级之间的关系进行了深入研究，且大部分学者通过理论分析和实证分析，发现科技金融对产业结构升级起正向影响作用。孙晶和李涵硕以中国31个省市地区为研究对象，运用区位熵方法，从保险、银行和证券三个方面构建金融集聚度量指标，构建固定效应面板数据模型，实证研究金融集聚与产业结构升级的关系。研究发现，金融集聚对产业结构升级起正向影响作用，且影响作用逐年增加，且在东、中、西部具有区域异质性，同时发现银行对产业结构升级的影响效应高于保险和证券。[131] 赵婉妤和王立国借助美国和德国产业结构升级经验，研究金融体系与产业结构升级之间的关系，发现在第四次工业革命背景下，传统金融系统已经与产业结构升级的需求不相匹配，为了优化产业结构升级，必须大力发展科技金融。[132] 黄锐等发现，科技金融通过缓解融资约束、降低融资成本、优化融资体系，进而促进产业结构升级。[133] 徐剑钧基于理论分析视角，研究风险投资与中国产业结构升级的关系，发现风险投资会促进高科技、新技术和新产业三个方面，进而对产业结构升级产生间接影响。[134] 杨德勇和董左卉子基于资本市场视角，探寻产业结构升级运行机制，构建计量模型，实证研究资本市场融资与产业结构升级之间存在的关系。研究发现，资本市场规模会显著促进中国第一、二、三产业的优化升级，即资本市场规模越大，则中国产业结构越合理。[135] 易信和刘凤良在熊彼特内生增长模型基础上，加入金融中介部门，运用数值模拟分析方法，研究发现，金融体系在促进产业结构升级的过程中发挥着巨大的作用，并探寻到金融促进产业结构升级的有效路径：金融体系促进技术创新的两个效应——水平和结构，进而促进产业结构升级。[136]陈亚男和包慧娜以中国30个省（直辖市、自治区）为研究对象，采用金融资源、金融经费和金融产出三个指标度量科技金融发展水平，构建系统广义矩估计计量模型，研究科技金融与产业结构升级之间的关系，研究表明科技金融对产业结构升级起显著的正向影响作用。[137]邹建国和李明贤以中国31个省（直辖市、自治区）为研究对象，构建面板空间滞后模型，研究科技金融与产业结构升级的关系，研究发现科技金融具有显著的科技溢出效应，因此科技金融不仅对本地区的产业结构升级起显著的正向影响作用，而且对邻近地区的产业结构升级起显著的正向影响作用，并且这种影响作用存在地区异质性。[138]谷慎和王淑娟以中国30个省（直辖市、自治区）为研究对象，实证研究科技金融与经济增长质量之间的关系。研究发现，中国推动产业结构优化升级的有效路径是科技金融促进科技创新，科技创新开发创造新技术产品、产生新的产业分析、创造新的产业价值链，进而推动产业结构优化升级。[139]冯永琦和邱晶晶以中国285个地级市为研究对象，将产业结构优化升级分为产业结构高度化效率、产业结构高度化质量和产业结构合理化三种类型，构建多时点双重差分模型，实证研究科技金融政策对产业结构升级的影响。研究发现，科技金融政策对产业结构升级三种类型产生不同的影响，对第一、第三种类型起显著正向影响作用，对第二种类型的影响并不显著；科技金融对产业结构升级的影响具有区域异质性，在东部地区较为显著，中、西部地区显著性较低；科技金融对产业结构升级的影响在不同城市中存在差异，在一、二线城市，科技金融对产业结构高度化影响更为显著，在三线及以下城市，科技金融对产业结构质量和产业结构合理化影响更为显著；推动产业结构升级的有效路径为科技金融推动科技创新，科技创新推动产业结构升级。[140]

2.2.3　科技创新与产业结构升级的关系

中国自改革开放以来，经济持续高速增长，创造了一系列的经济增长奇迹，已经成为世界第二大经济体，但是主要由要素进行驱动，依靠市场化改革的红利，但随着中国经济体制改革的深入，对资源要素的约束，改革红利和人口红利也逐渐减弱，经济很难保持以前的增长速度，中国迫切需要转变经济增长类型，应由粗放型的经济增长方式转变为集约型经济增长方式，重视科技创新在经济增长中的作用。尤其是中国经济发展进入新常态阶段后，利用科技创新提升产业层次和资源利用效率。因为科技创新具有周期长、资本密集等特点，因此科技创新对资金期限、资金规模的要求较高，科技创新系统高效运行发展的前提条件是金融体系的高效支持。Romer 认为，提升经济质量、优化产业结构升级的内在动力为科技创新。[141] Ngai 和 Pissarides 发现技术创新对产业结构升级起显著的正向影响作用，同时产业结构升级具有自我革新性，因为产业结构升级会促进创新网络的完善，增强知识的溢出效应，促进资本进一步深化，选择合理的技术，从而进一步促进产业结构升级。[142] 董鸣等以陕西省为研究对象，运用因子分析模型度量技术转移指标，构建向量自回归模型（VAR），对技术创新和产业结构升级的关系进行深入研究。研究发现，技术创新对产业结构升级起显著的正向影响作用，尤其是成熟的技术创新对产业结构升级的影响作用更大。[143] 徐康宁和冯伟运用案例分析法，发现企业形成自主创新能力、提升技术创新水平，可以优化产业结构升级。[144] 许树辉和谷人旭发现，欠发达地区和发达地区在产业结构升级方面的主要区别是发达地区具有技术创新，欠发达地区缺乏技术创新。[145] 陶长琪、彭永樟等以中国 30 个省（直辖市、自治区）为研究对象，运用因子分析等模型测度技术创新强度、产业结构合理化和产业结构高级化，构建空间杜宾模型，研究技术创新与产业结构升级的关系。研究发现，技术创新对产业结构升级起显著的正向影响效应，但是这种效应具有地区异质性。[146]时乐乐和赵军构建面板门限模型，将技术创新设为自变量、环境规则设为门限变量、产业结构升级设为因变量，研究技术创新、环境规则与产业结构升级三者之间的关系。研究发现，技术创新对产业结构升级的影响作用不受门限变量环境规则的影响，即技术创新对产业结构升级起直接正向影响作用。[147]季良玉以中国制造业为例，构建调节效应模型，将技术创新设为自变量、产业结构优化升级设为因变量、融资约束设为调节变量。研究发现，融资约束在技术创新与产业结构升级之间起显著的调节作用，即去掉调节变量，技术创新对产业结构优化升级起显著正向影响作用，考虑调节变量，技术创新对产业结构优化升级影响并不显著。[148]赵玉林和王秀婷构建联立方程模型，研究发现技术创新对中国制造业转型升级起显著的正向影响作用。[149]余东华和田双以中国 13 个制造业为例，构建 KPWW 和可行广义最小二乘估计法，研究中国制造业结构升级路径，研究发现技术创新是中国制造业结构优化升级的重要路径。[150]路畅等构建面板门限模型，将技术创新设为自变量、市场化水平设为门限变量、产业结构升级设为因变量，研究发现，市场化水平在技术创新对产业结构升级的过程中具有显著的门限效应，即地区市场化水平低于第一个门限值，在 10% 的显著性水平下，技术创新对产业结构升级的影响并不显著；当地区市场化水平高于第一个门限值且低于第二个门限值，在 10% 的显著性水平下，技术创新对产业结构实际起显著的正向影响；当地区市场化水平高于第二个门限值，技术创新对产业结构升级影响的显著性逐渐下降，因此，技术创新与产业结构升级之间的关系并不是简单的线性关系，而是呈倒 U 形关系。[151]姜帅和龙静以中国 30 个省（直辖市、自治区）为研究对象，将科技创新分为技术开发、科学研究两种类型，构建空间杜宾模型，研究科技创新与产业结构升级的关系。研究发现，技术开发、科学研究对产业结构升级的影响存在空间溢出效应和异质性。首先，在 1% 显著性水平下，技术开发和科学研究均具有显著的正向空间溢出效应，且二者空间溢出效应的显著性存在差异，技术开发更加显著；其次，技术开发和科学研究均对产业结构升级起显著的正向影响作用，科学研究影响更加显著，且具有时滞性；最后，政府资产支持力度在技术开发、科学研究与产业结构升级之间均起显著的正向调节作用，但是对技术开发的调节效应更显著。[152]

2.3 文献评述

本书对科技金融、科技创新和产业结构升级相关方面的文献进行了梳理与回顾，通过对已有文献的回顾，发现国内外学者基于不同研究视角和不同研究方法对科技金融、科技创新和产业结构升级进行了大量的研究。国外学者将研究重点放在金融机构、资本市场对科技创新的影响作用，研究方法多采用理论与实证相结合的方法。国内学者较少运用定量与实证研究方法，多采用定性研究方法，但近年来定量研究的文献居多。国内学者将研究的重点放在科技金融与科技创新的融合现状、科技金融与科技创新的协同发展、存在问题、制约因素等。

从研究的角度来看，研究者从不同角度做了大量的研究，国内外学者对科技金融、科技创新与产业结构升级概念的界定、内容结构进行了相关的实证研究，获得了一些有价值、有意义的结论。从分析方法上来看，研究科技金融、科技创新与产业结构升级较多采用定性、定量、案例分析等相结合的方法，这些都有利于加强科技金融、科技创新和产业结构之间相互关系的理解，这些研究对本书研究的开展具有一定的贡献与启示。同时，科技金融、科技创新和产业结构升级关系的研究还存在以下几个方面可以深入探讨。

1. 科技金融与科技创新的关系研究

现有文献对科技金融与科技创新之间的关系进行了深入研究，主要分为三种类型：科技金融对科技创新的影响作用、科技创新对科技金融的影响作用、科技金融与科技创新的相互作用。其中，大部分学者认为科技金融对科技创新起单向影响作用，较少研究科技创新对科技金融的影响作用，也较少研究科技金融与科技创新之间的互动关系，主要研究科技金融与科技创新的协同度和相关关系，缺少对二者的动态因果关系研究。

2. 科技金融、科技创新与产业结构升级的度量研究

首先，科技金融的度量指标还有待发展。科技金融发展较晚，近几年才成为研究热点，无论是与科技金融相关的理论分析还是实证分析均处于初级阶段，还不成熟，因此对科技金融的度量大部分从投入的视角进行探讨，较少从产出这个视角对科技金融进行度量，对科技中介机构、科技金融环境等重要因素进行考虑的文献更少。

其次，科技创新的度量指标众多，但是缺乏统一标准，理论依据不够充分，并且科技创新的度量指标与科技金融的度量指标发生重叠。

最后，产业结构升级度量指标单一。基本将度量指标分为产业结构高级化和产业结构合理化，运用的变量基本为第一、二、三产业占 GDP 的比值和第一、二、三产业就业人员占总劳动力的比值。产业结构升级度量指标单一，

导致无法全面度量出中国 31 个省（直辖市、自治区）产业结构升级水平。

3. 科技金融与产业结构的关系研究

已有文献大部分将科技金融分为以政府为主导作用的公共科技金融和以银行等金融机构为主导的市场科技金融，并选择相应的指标对公共科技金融和市场科技金融进行度量，运用因子分析模型、熵权法、数据包络模型将不同的指标综合成一个指标。探讨科技金融对产业结构升级的影响，大多数研究认为科技金融对产业结构升级具有显著正向影响作用。

4. 科技创新与产业结构升级的关系研究

首先，已有文献基于不同视角，研究科技创新对产业结构升级的影响作用。从横向视角来看，以不同国家为例，研究科技创新对东道国产业结构升级的影响，且大部分文献均认为科技创新对东道国产业结构升级起正向影响作用。从纵向视角来看，研究科技创新对产业结构升级影响的具体路径和作用机制。

其次，已有文献将科技创新对产业结构升级的影响局限于技术发明阶段，对技术转移过程的研究并不多。刘志迎和谭敏（2012）认为科技创新是一个整体发展过程，总共分为三个阶段：第一阶段是新技术诞生阶段，这个阶段被称为技术发明阶段；第二阶段是新技术首次推向市场，这个阶段被称为技术创新阶段；第三阶段是新技术大规模运用，这个阶段被称为技术扩散阶段，在科技创新的不同发展阶段，科技金融支持科技创新，科技创新对产业结构升级产生不同的影响效果。

5. 科技金融、科技创新与产业结构升级关系研究

首先，经过对已有文献的梳理和总结，大多数学者对科技金融、科

技创新与产业结构升级之间的关系研究，主要集中于两者间的线性关系、协同度等方面的讨论，大部分文献认为两者之间可以相互促进，这些结论为本书的理论分析和实证分析提供了有益思路。

其次，已有文献未将科技金融与科技创新同时纳入产业结构升级研究框架，忽略了科技金融与科技创新相互融合对产业结构升级的影响。现有文献对科技金融、科技创新及产业结构升级三者之间的关系研究仅限于两两之间的研究，部分文献分别验证了科技金融、科技创新对产业结构升级的影响，但是较少文献验证科技金融和科技创新融合对产业结构升级的影响。因此，本书在已有文献研究的基础上，将探讨科技金融、科技创新如何作用于产业结构升级，基于中国东、中、西部区域数据分析科技金融是否通过科技创新影响产业结构升级。

最后，未深入思考科技金融、科技创新对产业结构升级影响方向和程度的不确定性。学者在实证研究科技金融、科技创新对产业结构升级的影响时，仅就其线性关系进行了讨论，科技金融、科技创新水平的高低对产业结构升级的影响可能存在中介效应，但鲜有研究对此中介效应进行检验。因此，本书拟构建中介效应模型，深入讨论科技金融、科技创新对产业结构升级的影响，以期对如何更有效地利用科技金融、科技创新来促进中国产业结构升级提供一定的启示与参考。

2.4 本章小结

本章首先系统地阐述了本书的研究理论基础——科技金融理论、科技创新理论，以及产业结构升级理论。归纳整理与科技金融、科技创新和产业结构升级相关的文献：第一，科技金融和科技创新二者之间存在相互作用关系，且二者之间协同发展，归纳总结了科技金融和科技创新之间相互联系的理论与实践基础；第二，梳理了科技金融、科技创新、产业结构升级的研究现状；第三，总结整理了关于科技金融与产业结构升级关系的研究理论与实证分析方法，阐明了科技金融对产业结构升级起影响作用的现有研究状况；第四，梳理了国内外关于科技创新与产业结构升级关系研究，阐明了科技创新对产业结构升级起影响作用的现有研究状况。最终发现现有文献多以科技金融、科技创新、产业结构升级之中两者的关系进行研究，从理论分析和实证分析两个方面证实了两两之间存在一定的相互作用关系，将科技金融、科技创新、产业结构升级三者有效地连接起来，探讨三者之间影响路径和作用机制的文献较为缺乏。本章内容为后续模型构建、实证分析等研究的展开提供理论基础和文献参考。

第3章 CHAPTER3

科技金融、科技创新与产业结构升级现状分析

本书前面内容主要阐述了科技金融理论、科技创新理论和产业结构升级理论，并总结分析了科技金融与科技创新关系、科技金融与产业结构升级关系、科技创新与产业结构升级关系的相关文献。为了深入了解中国科技金融、科技创新，以及产业结构升级的发展历程及现状，为后面的实证分析提供事实依据，本章将深入分析中国全国及东、中、西部地区科技金融、科技创新与产业结构升级的历史及现状。

3.1 科技金融现状分析

本节根据中国科技金融环境和相关政策，对中国科技金融的发展历程进行系统梳理，按照时间顺序，将其分为 7 个发展阶段，然后对中国科技金融取得的成果进行总结。在此基础上，对中国科技金融存在的障碍进行分析，为改进中国科技金融发展存在的局限和困难提供现实证据，并对中国科技金融进一步优化提供现实依据。

3.1.1 中国科技金融的发展历程

中国每一次的金融体制改革和经济体制改革都对科技金融的发展起促进作用，随着中国社会转型的深入、经济改革的升级，中国科技金融水平发展速度也越来越快。本节对中国科技金融的发展历程、发展成果和发展障碍进行总结分析，发现中国科技金融发展过程中取得的成绩、需完善的情况、发展过程中遇到的障碍均可为科技金融的未来发展提供现实依据，为科技金融未来的发展提供方向。在20世纪末期，中国根据具体国情，初步构建了具有中国特色的科技金融发展体系。经历40余年的体制改革和制度建设，中国科技金融工作取得了显著的成就，相关政策法规不断健全完善。在参考吴莹在2010年研究[153]的基础上，本书将科技金融在1978—2019年的发展历程进行阐述。伴随着中国经济体制改革的不断深入和推进，科技金融体系的演变经历了7个阶段，每一个阶段都有其独有的特征。

第一阶段：1978—1984年。中国还没有建立科技金融体系，政府主导下的行政供给是科技投入的唯一形式。

第二阶段：1985—1987年。中国开始进行科技体制的改革，为了推动科技的发展，政府部门出台了一系列政策，开始出现了科技贷款，但是科技贷款的手段比较单一，这一阶段属于科技金融的萌芽阶段。

第三阶段：1988—1992年。中国建立了第一批高新技术开发区，为了合理高效的配置金融资源，科技金融与市场机制融合在一起，这一阶段属于科技金融市场化转型阶段。

第四阶段：1993—1998年。在此期间科技金融有了长足的发展，表现在以下3点。证监会对科技产业通过提供优惠政策等手段予以支持，加快了科技企业的融资速度，促进了科技企业的上市；放宽风险资本进入科技企业的标准，使得一些外资风险投资机构可以进入中国科技产业；中国各省市建立了公共风险投资公司，但是政府对公共风险投资公司的管控比较严格，导致这些公共风险投资公司并不具备市场化特征。

第五阶段：1999—2005 年。这一时期科技金融体系日益完善，表现在以下 5 点。中国资本市场日益完善，在 1999 年发行了第一笔科技企业债券和第一笔科技股，科技金融体系正式将资本市场纳入其中，在科技企业发展过程中，资本市场体现出重要的功能；科学技术部和财政部于 1999 年颁布了《关于科技型中小企业技术创新基金的暂行规定》，同年科学技术部、国家计委、国家经委、财政部、中国人民银行等 7 个部门联合颁布《关于建立风险投资机制的若干意见》，这些政策极大地促进了科技企业的发展；为进一步促进科技企业的发展，中央及地方政府为科技金融提供了有利的政策支持，包括构建科技资本市场、成立相关中介机构和科技贷款，保证了科技金融的发展；为进一步促进科技与金融的结合，中国推出了三板市场；为进一步拓宽科技企业融资渠道，深圳证券交易所于 2004 年成立中小企业板。

第六阶段：2006—2010 年。在此期间科技与金融的融合进一步深化且模式进一步多样化，基本形成了适应科技金融发展的市场化体制，表现在以下几点。中央将科技金融纳入国家发展战略；推出了创新的科技金融工具；中国资本市场成立科技保险试点，并开展“新三板”市场；商业银行成立了与科技金融相关的业务部门，负责对科技企业贷款进行审批；2006 年我国颁布一系列对财政科技支出和资本市场建设有利的相关政策和法规，如 2006 年印发的《国家中长期科学和技术发展规划纲要（2006—2020 年）》，同时针对该政策中央政府还推出了相应的配套政策，在该项政策中，对于科技金融未来的发展目标和发展模式，中央政府提出的发展战略为走自主创新的道路，并建设一个创新型国家，在此基础上，构建了完备的科技金融体系。同年，还出台了《关于企业技术创新有关企业所得税优惠政策的通知》和《关于加强和改善对高新技术企业保险服务有关问题的通知》，为科技研发工作提供优惠税收政策和相应的保险险种。2007 年出台了《关于支持中小企业技术创新的若干政策》和《建立和完善知识产权交易市场指导意见》，为进一步拓宽金融机构的经营业务起了重要的作用。2007 年颁布的《科技型中小企业创业投资引导基金管理暂行办法》，基于政府角度，支持和鼓励民间资本参与科技金融。为促进科技与金融的进一步融合出台了相应政策，如 2006 年出台《关于中小企业信用担保机构免征营业税有关问题的通知》，该项政策列出了科技担保机构的免税条款。为科技金融创造有利的外部条件，北京市人民政府于 2009 年颁布《关于金融促进首都经济发展的意见》。为促进科技与金融的进一步深化，2009 年颁布了《关于进一步加大对科技型中小企业信贷支持的指导意见》。中国资本市场于 2009 年推出创业板，创业板市场的推出既为风险资本提供了科学有效的退出机制，又完善和拓宽了科技企业的融资渠道。

第七阶段：2011 年至今。这一阶段属于科技金融快速发展阶段。表现在以下 4 点。为促进科技与金融深入融合，2011 年召开联席会，其主要目的是成立联合工作协调指导小组，并于同年科技部、财政部、中国人民银行等 8 个部门联合颁布了《关于促进科技和金融结合加快实施自主创新战略的若干意见》，该项政策对中国科技金融的发展起到了显著的指导作用。为了积极引导解决与科技金融相关的资金、信息和人员等问题，中央政府部门建立了合作机制和科技专家机制。为了深度融合金融机构和科技企业，地方政府通过举办项目交流会等形式，搭建科技与金融结合的服务平台。为了将科技金融纳入国家科技创新战略体系，2011 年出台了《国家“十二五”科学和技术发展规划》，该项政策的出台是中国科技金融事业进入的发展阶段的标志。

根据中国科技金融的发展历程，发现科技金融的发展与改革的进行存在密切的关系，随着中国社会和经济改革的不断推进，科技金融发展路径和机制变得越来越合理，科技金融的发展促进了自主创新、丰富了投资渠道、提升了科技研发。近年来，中国各级政府颁布了一系列有利于科技金融发展的政策法规，这些政策法规对科技金融发展具有良好的促进作用。中国风险资本市场和风险投资行为的发展，对科技和金融的发展具有促进作用，因此，中国风险资本市场改革的不断深入和风险投资行为的快速发展，对科技和金融相互结合、相互促进具有推动作用，促进了中国科技金融的进一步发展。

3.1.2 中国科技金融的发展成果

中国过去几十年科技与金融运行效率一直较低，主要原因是二者的结合方式具有典型的计划体制特征。王海和叶元煦运用层次分析法（AHP），研究中国 1991—1999 年科技金融发展状况及科技金融对经济的影响作用，研究发现，中国科技金融发展效率低，并且对经济的促进作用有限。[154] 近年来，中国科技金融水平得到了快速发展，在财政科技支出、财政科技支出占财政支出的比值、金融机构科技贷款、创业风险投资额、科技金融环境等方面均取得了长足进步，具体如下。

1. 财政科技支出

政府财政科技支出主要是指政府部门在科技创新方面支出的专项经费，政府支持强度可用科技支出比值反映，政府支出代表政府对科技金融的支持力度。由图 3-1 可以看出，2011—2019 年中国政府在财政科技支出、财政科技支出与财政支出比值随时间变化的趋势，反映了中国政府对科技支出支持力度与强度的变化情况。图 3-1 的折线图表示政府财政科技支出金额从 2011—2019 年逐年增加，并且从 2014 年开始政府财政科技支出的增长曲线变得更加陡峭，说明政府的财政科技支出增长速度加快。中国财政科技支出与财政支出的比值在 2011—2019 年呈曲线运行趋势，其中在 2011—2014 年呈上升趋势，2015 年低于 2013 年和 2014 年，从 2015—2019 年呈显著上升趋势，说明前期政府在科技方面的支出不足，中国各级政府需要加强对科技金融的投资强度。

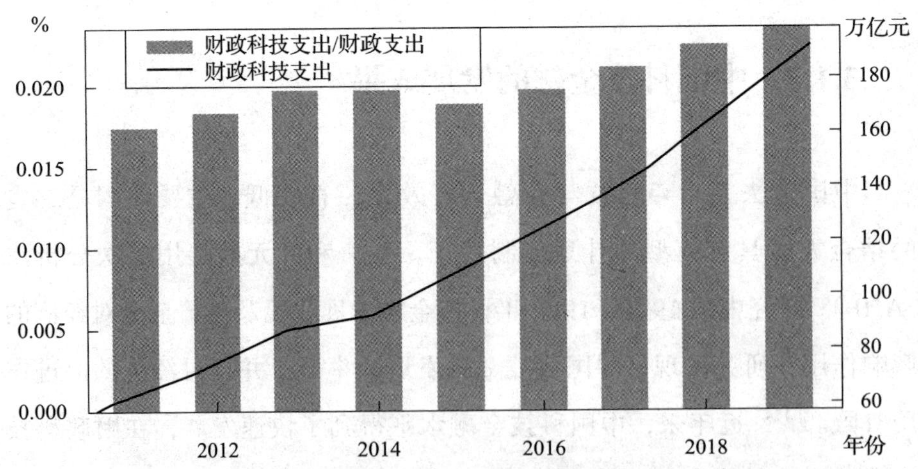

图 3-1　2011—2019 年中国政府财政科技支出及占比趋势

资料来源：《中国统计年鉴（2011—2019）》《中国科技统计年鉴（2011—2019）》。

由图 3-2 中的上图可以看出，中国东、中、西部地区政府财政科技支出与财政支出比值在 2011—2019 年总体呈上升趋势，但是波动幅度较大，各区域呈阶梯式发展。东部地区，在 2011—2015 年呈倒 U 形；从 2015 年以后，呈上升趋势，说明东部地区越来越重视科技的作用，相对来讲，中、西部上升趋势比较平缓。由图 3-2 的下图可以看出，中国东、中、西部地区财政科技支出均呈逐年递增态势，但增速并不相等。其中，西部地区财政科技支出居于最高位，高于东部和中部，说明区域政府财政科技支出存在不均衡的现象。

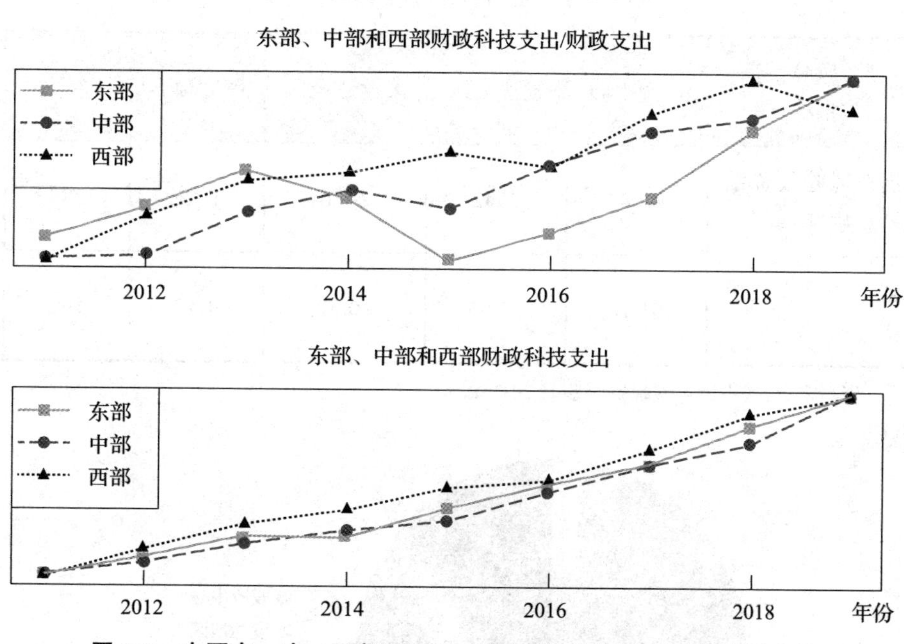

图 3-2　中国东、中、西部 2011—2019 年政府财政科技支出及占比

资料来源：《中国统计年鉴（2011—2019）》《中国科技统计年鉴（2011—2019）》。

2. 创业风险投资额

近年来中国风险投资发展迅速，投资规模位居全球第二。以 2018

年为例，由表3-1和图3-3可以看出，投资中心风险投资机构占比为51.76%，占比超过一半，比其他地区风险投资机构总和还要多。中国经济落后地区包含众多省市，但风险投资机构占比仅为4.47%，说明中国创业风险投资机构在不同地区的分布并不均衡。从图3-4可以看出北京市、广东省、上海市、浙江省和江苏省是中国经济发达地区，同时也是中国风险投资总数较多的地方，说明风险投资与经济发展水平存在正相关关系。

表3-1 2018年中国风险投资情况

创业风险投资指标	投资中心	发达地区	欠发达地区	落后地区	合计
创业风险投资结构总数量/家	11847	7542	2476	1022	22887
创业风险投资机构占比/%	51.76	32.95	10.82	4.47	100

资料来源：《中国风险投资年鉴》(2019)。

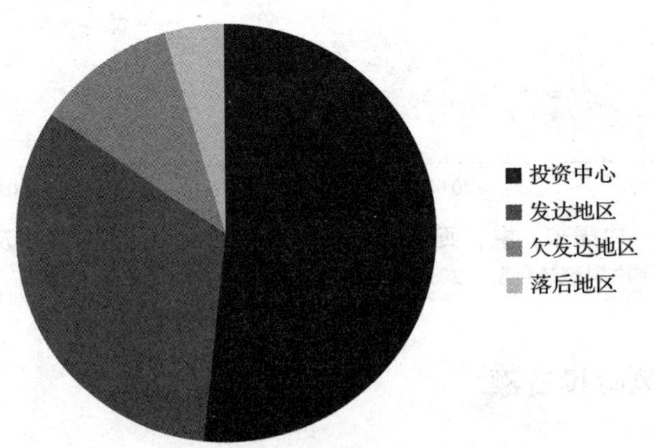

图3-3 2018年中国风险投资情况

资料来源：《中国风险投资年鉴》(2019)。

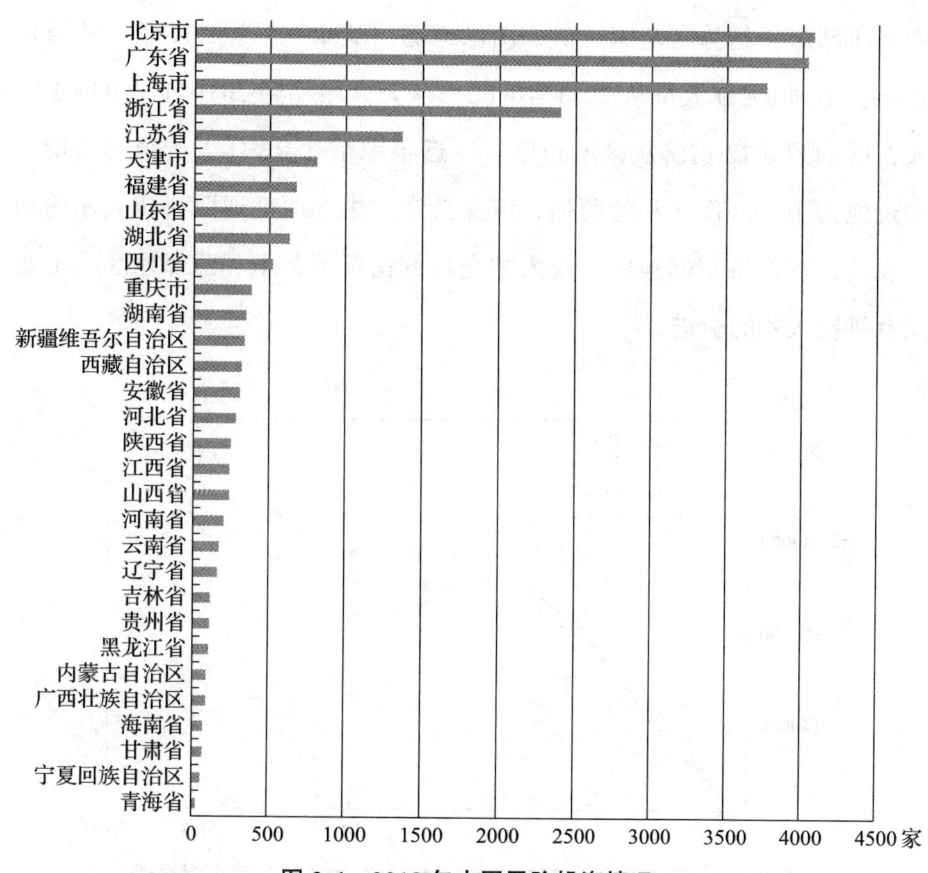

图 3-4　2018 年中国风险投资情况

资料来源：《中国风险投资年鉴》(2019)。

3. R&D 人员

R&D（全国研究与试验发展）人员对区域创新起重要的影响作用，是推动区域创新发展的重要载体，同时也是知识和技术的重要载体。本书选取 R&D 人员全时当量指标来衡量科技金融环境。研究得出，中国 R&D 人员投入规模均逐年扩大，在 2011—2013 年增长速度较快，在 2013—2017 年增长速度趋于平缓，2017 年以后增长速度加快。由图 3-5 可以看出，东、中、西部 R&D 人员投入规模均逐年扩大，东、中、西部增长趋势与全国类似，图像遵循“陡峭—平缓—陡峭”的增长趋势。中国 R&D 人员从 2011 年的 255.4 万人增加到 2019 年的 438.1 万人，增加了 0.72 倍。从区域角度看，近年来东部 R&D 人员全时当量之和近似为中、西部之和的两倍，应保持东、中、西部地区科技人才的均衡发展，在保持东部地区科技人才充足的情况下，中、西部地区一定要注意科技人才的引进。

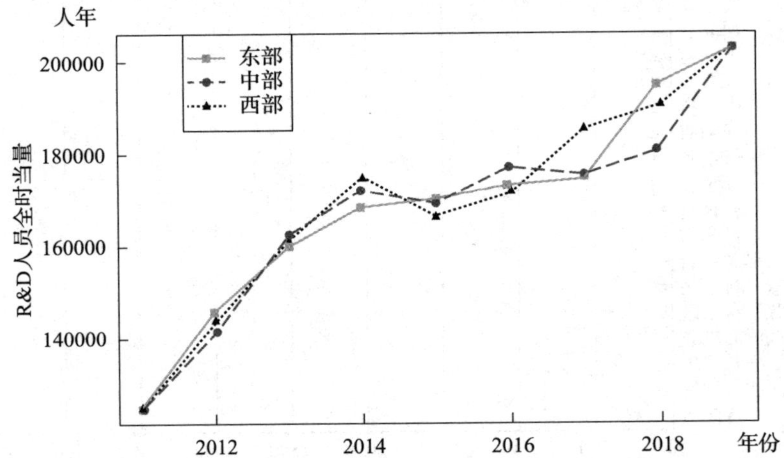

图 3-5　中国东、中、西部 2011—2019 年 R&D 人员全时当量

资料来源：《中国统计年鉴（2011—2019）》《中国科技统计年鉴（2011—2019）》。

3.1.3　中国科技金融的发展现状

自 1978 年以来，中国已经初步建成金融产业支撑科技产业发展服务体系，伴随科技金融创新产品的持续涌现，不断颁布与科技金融相关的制度，持续创造与中国当前科技产业发展现状相适应的科技金融产品，科技金融发展水平不断提升。虽然中国科技金融取得了不错的成绩，但是中国科技金融的发展仍需进一步完善，如中国颁布了大量与科技金融相关的政策法规，但仍需持续完善；增加沟通科技与金融的专业中介机构；科技金融创新体制需持续优化；中国资本市场要与发展科技金融相适应；中国科技金融发展模式需持续优化。

1. 与科技金融相关的政策法规需继续完善

为了促进中国科技金融的快速发展，中国地方政府颁布了一系列相关政策，但是这些政策仍需持续完善，如政策的应用范围需继续拓宽，且加大与科技金融间关系的紧密性。政策的实施效果不理想，究其原因是制定的政策只针对具体对象，全局性和系统性要加强。同时，科技金融政策的颁布往往由科技部、财政部和中国人民银行共同颁布，因此发展科技金融的头等大事就是明确科技部、财政部和中国人民银行等相关部门的责任和权力，统筹协调这些部门之间的合作，促进金融资源的有效配置。根据现实情况来看，各级政府需要进一步完善相关政策法规。

2. 增加沟通科技与金融的专业中介机构

科技与金融之间的联系需要专业的中介机构，中介机构在科技与金融之间可以增加双方的了解，降低信息不对称带来的风险，对科技企业的经营行为起到规范作用，并降低投资风险。但是，科技金融发展面临的一大现状就是专业中介机构的缺乏，导致风险投资机构和科技企业之间产生信息不对称，即风险投资机构找不到合适的投资对象，同时科技企业由于缺乏资金而无法扩大规模，使科技金融难以进一步发展。同时，专业中介机构可以准确评估科技成果的市场价值，但是由于专业中介机构的缺乏，导致无法准确度量科技成果的市场价值，因此，即使风险资本进入科技企业对企业不规范的经营行为也无法纠正。影响科技金融发展的因素众多，如企业经常运用专利权进行质押贷款，但是技术产权交易市场管理仍需完善，知识产权交易手续众多，难以评估知识产权的价值，专业中介机构可以排除这些不利因素，但因专业机构的缺乏，导致这些因素进一步影响了科技金融的发展。

3. 科技金融创新体制需持续优化

中国科技金融在体制创新方面需进一步加强，基于全国视角，对科技金融起促进作用的平台不足，其中典型是浙江和四川构建的对科技金融起促进作用的平台，影响科技金融发展的因素是信息阻塞，而信息阻塞的原因是对科技金融起促进作用的平台的不充足。政府应该根据企业自身的发展特性和阶段性，对科技企业采用不同的管理模式和管理方式。许多具有远大前景的科技企业由于无法得到政府扶持基金、科技创业基金和银行低息贷款等融资，而难以为继。根据现实情况，需持续优化科技金融创新体制。

4. 中国资本市场要与发展科技金融相适应

科技企业融资渠道受限，科技研发行为与市场经济体制之间未能建立起有效的联结机制，对科技企业投资的资金缺乏保障，需强化高效合理的风险投资机制，中国资本市场发展仍需进一步完善。例如，与主板市场相比，中国二板市场和三板市场作用发挥的不理想，中国资本市场仍然是主板市场发挥主要作用，使得中国资本市场融资体系的层次性和多样性有待加强，且证券市场发审制度与市场机制需进一步相适应，进而加快科技金融的发展。中国资本市场代办股份转让系统设置也需不断优化，加强企业的转板能力，同时增加代办股份转让系统覆盖面，如覆盖高新技术产业园区的企业，同时降低代办股份转让系统的交易成本，对科技金融的发展起促进作用。

5. 中国科技金融发展模式需持续优化

科技金融的发展模式大体上有三种，即政府起主导作用的模式、市场起主导作用的模式和社会起主导作用的模式，银行在中国科技金融发展的过程中发挥重要作用，因此中国科技金融发展模式属于第一种模式。但是以银行为主发展科技金融，存在诸多不足和局限性：一是中国的银行并不属于专门的科技银行，银行贷款的评估、审批等与科技企业的需求不相适应。二是由于缺乏风险补偿机制，缺乏足够的动力建立科技银行。三是处于创业期和上升期的科技企业经营风险较大，银行的科技贷款利率与面临的风险不相适应，导致银行对科技企业贷款的积极性不高。银行受到股权和债权投资的限制，只能采取单一的间接融资模式，对于科技贷款产生的巨大收益不能分享，但却要承担巨大的风险，也导致银行给科技企业贷款的积极性不高。中国银行、保险、证券公司等金融机构中，银行拥有的资源远远高于保险、证券公司等其他金融机构，受到一定的监管和限制，使银行对信贷工具进行创新的动力不足，影响了科技金融体系的发展。

3.2 科技创新现状分析

科技创新过程包括研发、成果转化和技术扩散过程，本节将根据科技创新这三个阶段出发，基于国内专利申请数量、国内专利授权数量、专利授权的三种类型（发明、实用新型和外观设计）所占的比重、新产品的销售收入、技术市场成交额，对中国科技创新指标的度量选取合适指标。此外，由于中国科技创新发展存在地域差异，根据中国经济发展水平，将中国分为东、中、西部，分别从这三个区域进行科技创新现状分析。

1. 国内专利授权数量

专利作为科技创新活动的重要产出形式，同时也是衡量国家科技创新水平的重要指标，本书选取国内专利授权数量、国内专利申请数量和国内专利授权数量占受理数量比值作为科技创新的衡量指标。由表 3-2 可以看出，中国无论是国内专利授权数量还是国内申请数量均呈递增态势。其中，授权数量从 2011 年的 883861 件到 2019 年的 2474406 件，增长量为 1590545 件，增幅达到 2.80 倍，而国内专利申请数量从 2011 年的 1504670 件增加到 2019 年的 4195104 件，增长量为 2690434 件。由图 3-6 可以看出，在 2011—2019 年，除了 2014 年以外，国内专利申请数量一直呈上升趋势；国内专利授权数量除了在 2013 年、2014 年和 2016 年、2017 年两个阶段外，总体呈现上升趋势，说明中国科技创新水平在 2011—2019 年期间逐年上升。图 3-7 为中国 2011—2019 年国内专利授权数量与申请专利数量比值的整体趋势图，2011—2017 年呈下降趋势，在 2018 年和 2019 年有微弱上升。由此可知，中国科技产出的质量仍需提高。总而言之，从 2011—2019 年中国专利授权数量和申请数量均存在一定程度的波动，但总体均呈上升趋势，这些数据说明中国科技创新的能力在不断提升。

表 3-2　中国 2011—2019 年国内专利授权、申请及占比

年份	国内专利授权数量 / 件	国内专利申请数量 / 件	国内专利授权数量占受理量比值 /%
2011	883861	1504670	59
2012	1163226	1912151	61

续表

年份	国内专利授权数量 / 件	国内专利申请数量 / 件	国内专利授权数量占受理量比值 /%
2013	1228413	2234560	55
2014	1209402	2210616	55
2015	1596977	2639446	61
2016	1628881	3305225	49
2017	1720828	3536333	49
2018	2335411	4146772	56
2019	2474406	4195104	59

资料来源：《中国统计年鉴（2011—2019）》《中国科技统计年鉴（2011—2019）》。

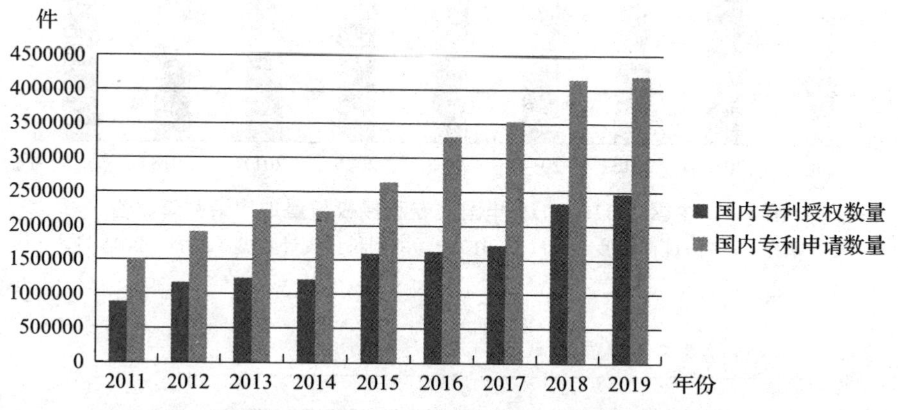

图 3-6　中国 2011—2019 年国内专利授权数量和申请数量情况

资料来源：《中国统计年鉴（2011—2019）》《中国科技统计年鉴（2011—2019）》。

由图 3-8 和图 3-9 可以看出，中国东、中、西部地区专利授权数量和申请数量在 2011—2019 年呈波动式上升，且东部地区专利无论是申请数量还是授权数量均大于中部地区，中部地区专利授权数量和申请数量均大于西部地区，从科技成果创收率来看，即专利授权数量与专利申请数量的比值，中、西部地区低于东部地区，但近年来中国东、西部地区科技创新发展迅速，东部和中、西部地区在科技创新方面的差距正逐渐缩小。说明中国建设的科技成果转化体制机制不仅提高了各区域科技成果创收率，也缩减了各区域差异。中、西部专利授权数量相差不多，但两者都远远低于东部数量，所以中、西部需要大力培养科研人才，提高创新型企业人员的科研水平，借鉴东部发展经验，缩小与东部的差距。

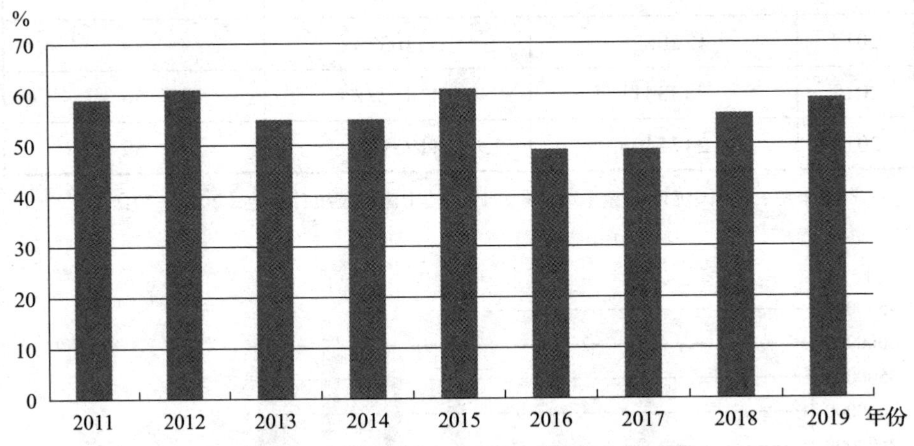

图 3-7 中国 2011—2019 年国内专利授权数量占申请数量比值

资料来源：《中国统计年鉴（2011—2019）》《中国科技统计年鉴（2011—2019）》。

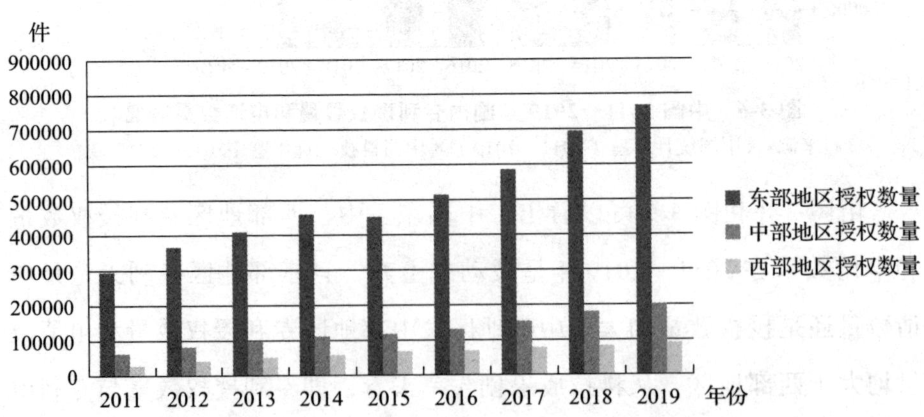

图 3-8 中国 2011—2019 年东、中、西部专利授权数量

资料来源：《中国统计年鉴（2011—2019）》《中国科技统计年鉴（2011—2019）》。

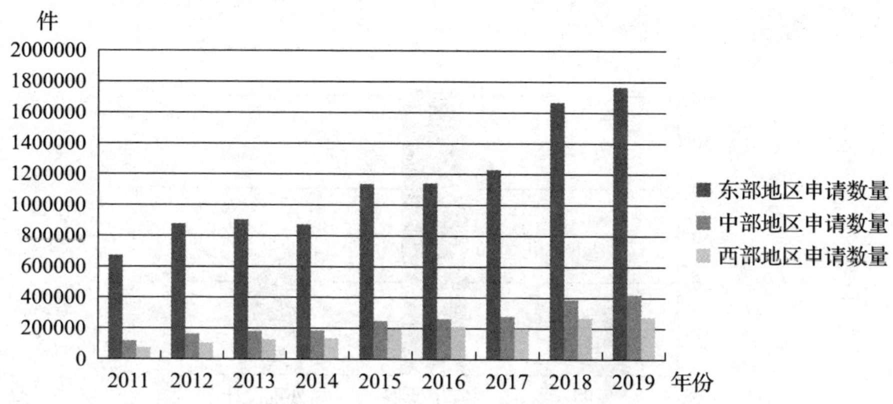

图 3-9　中国 2011—2019 年东、中、西部专利申请数量

资料来源：《中国统计年鉴（2011—2019）》《中国科技统计年鉴（2011—2019）》。

由于专利的不同类型对产业结构升级的影响程度不同，本书将详细介绍中国全国及东、中、西部专利授权数三种类型的分布情况。图 3-10、图 3-11、图 3-12 和图 3-13 表示中国全国及东、中、西部国内三种专利授权数占比，其中全国及各区域发明占比超过 10%，且相差较小；东、中、西部实用新型占比相差较大，中部实用新型占比最高；外观设计占比也存在较大差异。

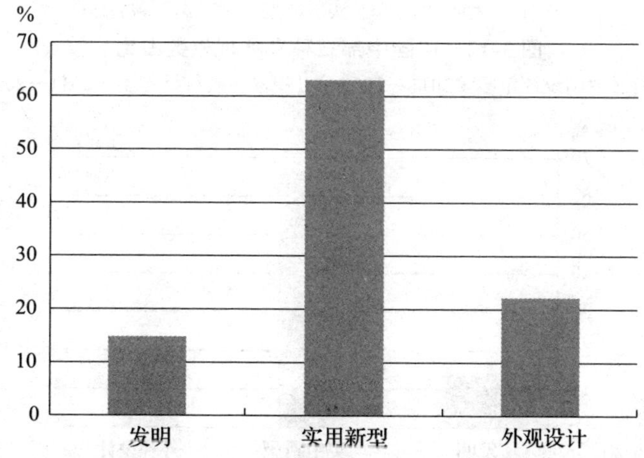

图 3-10　中国发明、实用新型和外观设计三种专利授权数占比

资料来源：《中国统计年鉴（2011—2019）》《中国科技统计年鉴（2011—2019）》。

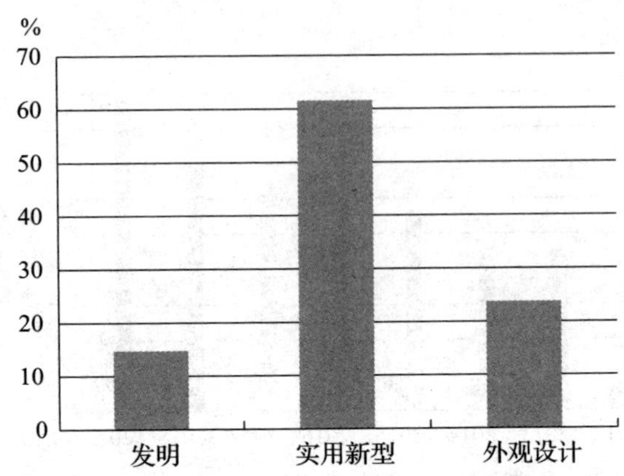

图 3-11　中国东部三种专利授权数占比

资料来源:《中国统计年鉴(2011—2019)》《中国科技统计年鉴(2011—2019)》。

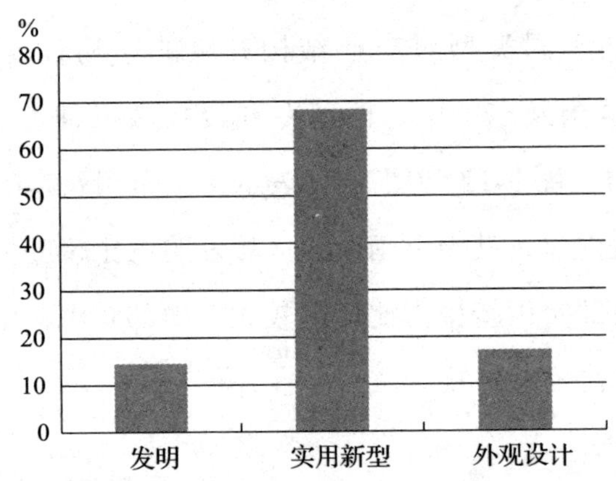

图 3-12　中国中部三种专利授权数占比

资料来源:《中国统计年鉴(2011—2019)》《中国科技统计年鉴(2011—2019)》。

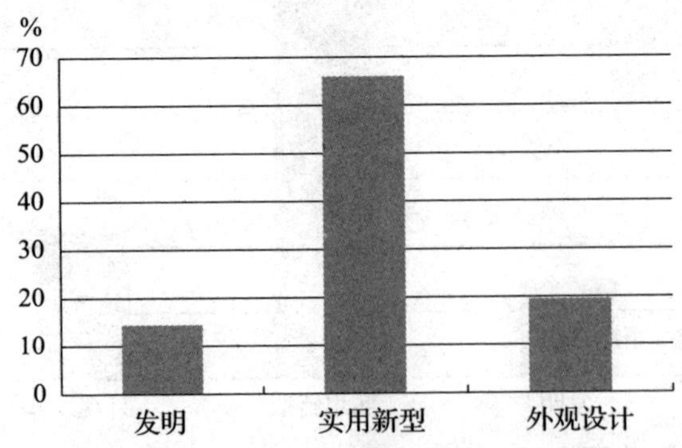

图 3-13　中国西部三种专利授权数占比

资料来源:《中国统计年鉴(2011—2019)》《中国科技统计年鉴(2011—2019)》。

2. 新产品销售收入

由图 3-14 可以看出，中国新产品销售收入逐年增加，2011 年中国新产品销售收入为 1005827245 万元，2019 年中国新产品销售收入为 2120602638 万元，2019 年新产品销售收入相比 2011 年增加了 2.11 倍，说明中国科技创新水平逐年提升。

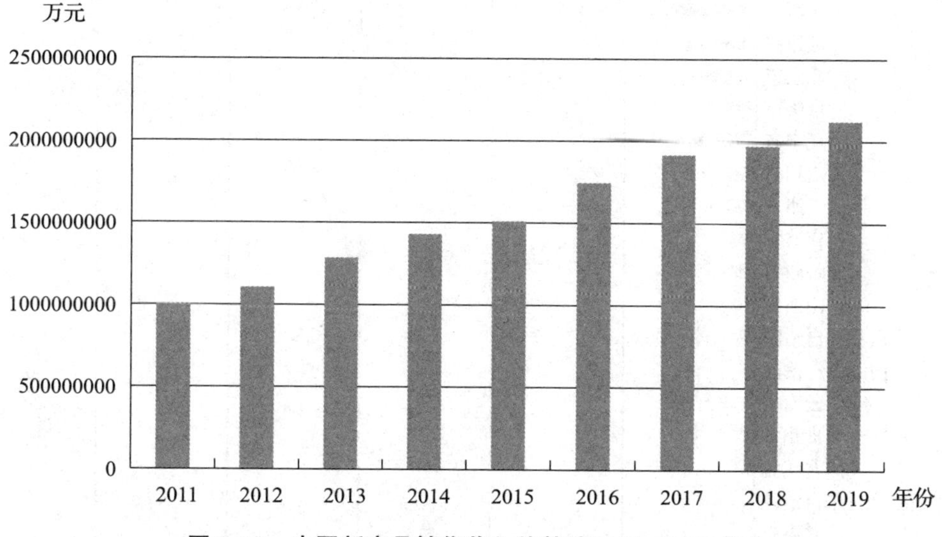

图 3-14　中国新产品销售收入趋势（2011—2019 年）

资料来源：《中国统计年鉴（2011—2019）》《中国科技统计年鉴（2011—2019）》。

由图 3-15 可以看出，2019 年最高地区广东省新产品销售收入达到 429700648 万元，而西藏自治区只有 230104 万元，2019 年广东省新产品销售收入为西藏自治区的 1867.42 倍。2019 年全国新产品销售收入前十位，东部地区占据 6 个名额，其中前五位均为东部地区。2019 年全国新产品销售收入后 10 位，西部地区占据 8 个名额、中部占据 2 个名额。说明中国东部科技创新水平较高，西部科技创新水平较低，东部地区应利用自身的科技创新优势带动西部地区，提升西部地区科技创新水平。

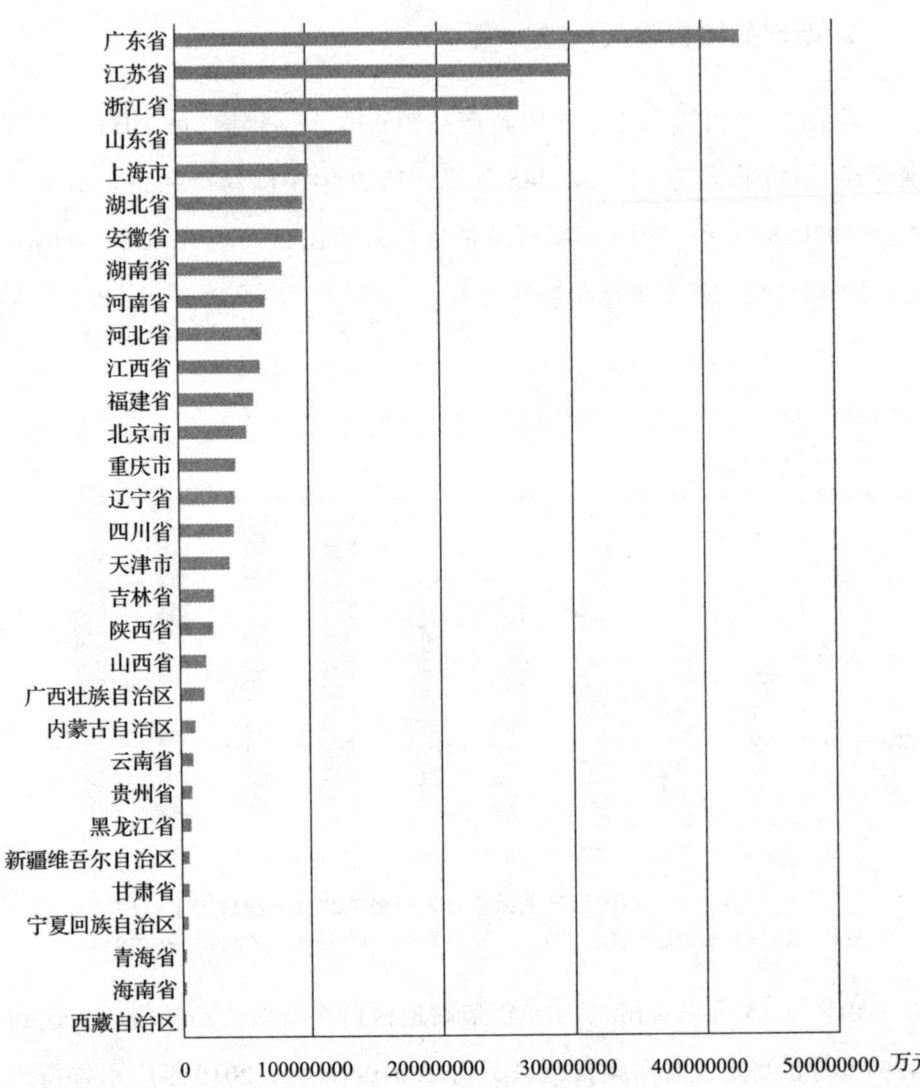

图 3-15　中国新产品销售收入（2019 年）

资料来源：《中国统计年鉴（2011—2019）》《中国科技统计年鉴（2011—2019）》。

由图 3-16 可以看出，中国东部地区在 2011—2019 年新产品销售收入呈显著上升趋势；中部地区新产品销售收入在 2011—2017 年呈上升趋势，在 2017—2019 年上升幅度不大；西部地区新产品销售收入在 2011—2019 年上升幅度不明显。

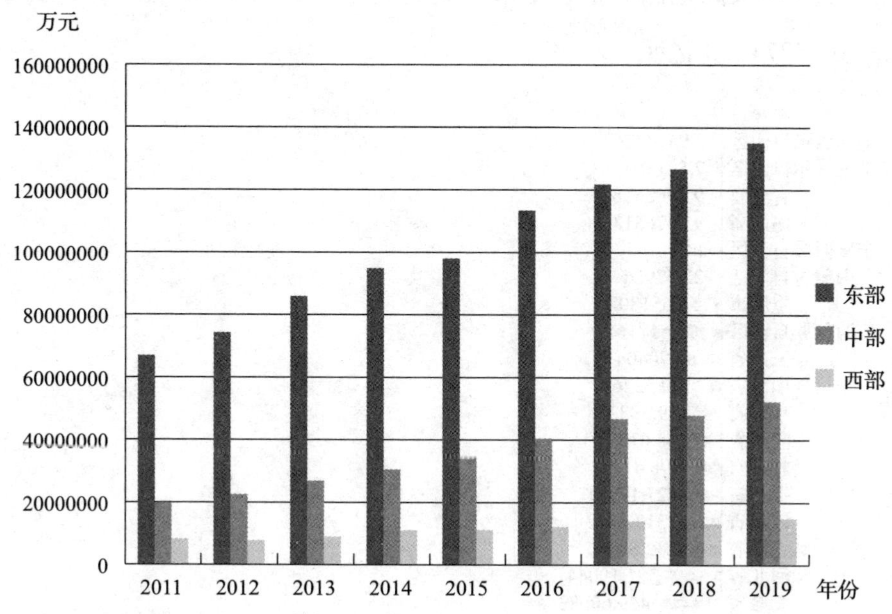

图 3-16　中国东、中、西部新产品销售收入趋势（2011—2019 年）

资料来源：《中国统计年鉴（2011—2019）》《中国科技统计年鉴（2011—2019）》。

3. 技术市场成交额

技术市场对科技和金融的深度融合具有显著的促进作用，技术市场促进技术产品由科研成果转向生产要素。技术市场成交额是科技直接产出作为市场接受能力的体现。[155] 中国在 2011—2019 年，中国市场成交额一直处于上升趋势，且在 2017 年增长幅度加快。随着技术服务与开发等快速发展，中国自从 2011 年以来，技术市场成交额稳步增长，从 2011 年的 4463.81 亿元增至 2019 年的 21749.24 亿元，增幅达 4.87 倍。

中国技术市场的发展存在区域异质性，技术市场成交额在东、中、西部呈现严重不均衡状态，由图 3-17 可以看出，在 2019 年中国技术市场成交额前 10 位中东部地区占据 7 个位置，后 10 位中均为中西部地区。2019 年最高地区北京技术市场成交额达到 5695.2843 亿元，而西藏只有 0.95774268 亿元。

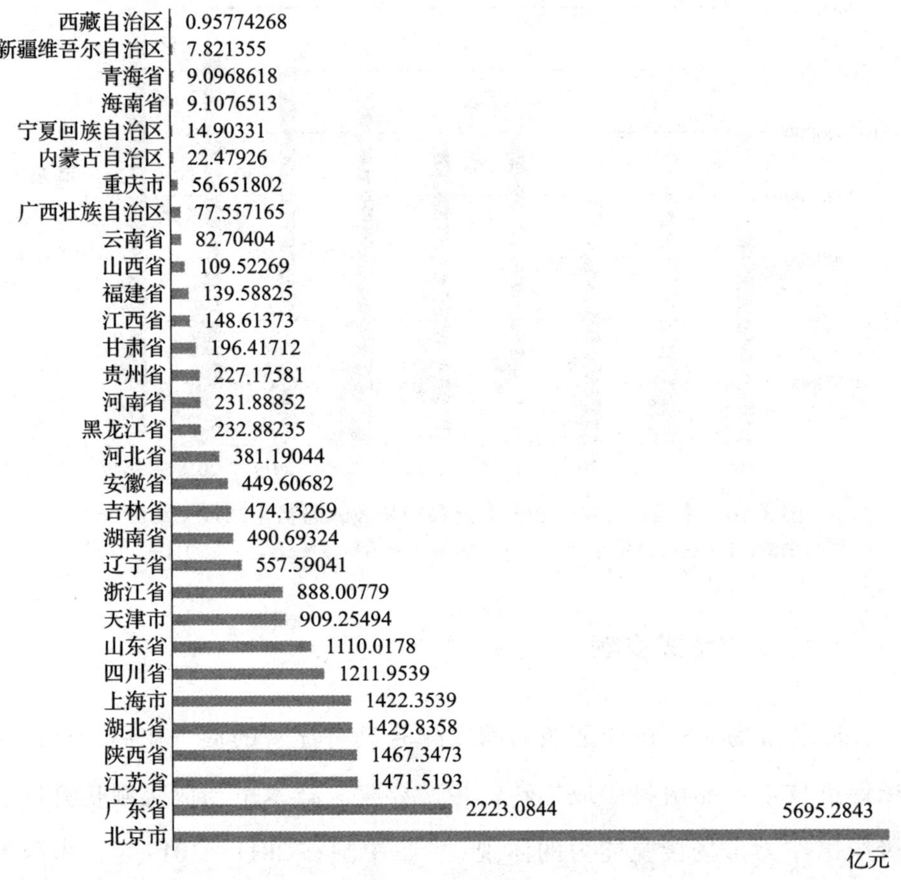

图 3-17 中国 31 个省（直辖市、自治区）技术市场成交额（2019 年）

资料来源：《中国统计年鉴（2011—2019）》《中国科技统计年鉴（2011—2019）》。

由图 3-18 可以看出，2011—2019 年，中国东部地区技术市场成交额远远高于中部地区技术市场成交额，中部地区技术市场成交额略高于西部地区技术市场成交额；东、中部地区技术市场成交额从 2011—2019 年逐年增加，西部地区技术市场成交额在 2014—2017 年增长幅度不大，从 2018 年开始增长幅度较大。

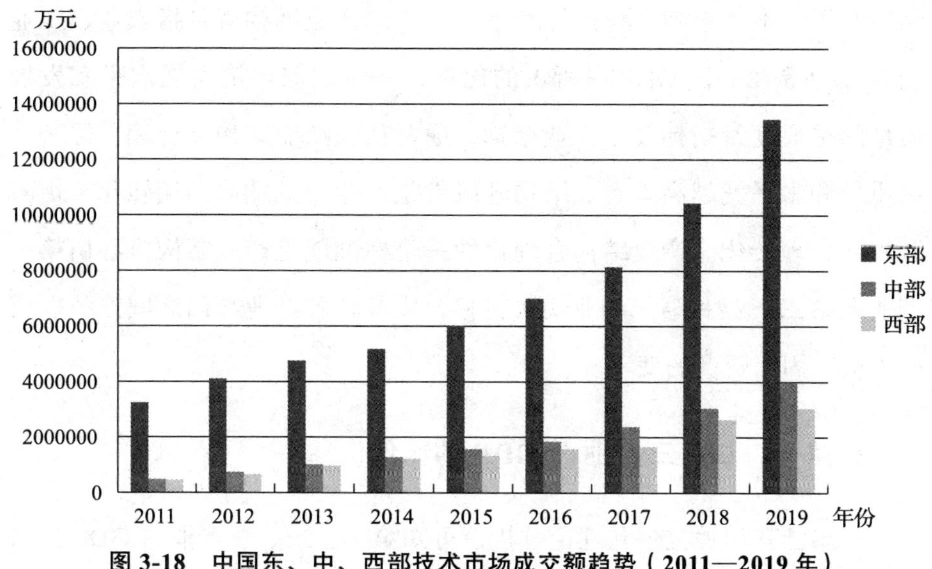

图 3-18　中国东、中、西部技术市场成交额趋势（2011—2019 年）

资料来源：《中国统计年鉴（2011—2019）》《中国科技统计年鉴（2011—2019）》。

3.3 产业结构升级现状分析

自新冠肺炎疫情突袭以来，大国之间的博弈日益激烈，在此情况下，中国面临日益严峻的国际形势，国际上普遍关注产业链脱钩和“去全球化”问题。除此以外，国内新冠肺炎疫情严重阻碍了中国经济的高质量增长。在新冠肺炎疫情期间，与新兴产业相比，疫情对传统产业的冲击更大、影响更严重，中国产业结构优化升级遇到了巨大挑战。在此背景下，中国政府既面临挑战也面临机遇，因为疫情也促进了某些产业的发展，促使某些新型产业和新型业态的诞生。在当前新一轮技术革命背景下，对中国未来国际竞争力产生影响的重要决定因素之一就是对新兴产业的培育，发展中国家和发达国家经济发展水平的区分变量是产业结构的优化升级。因此，中国在当前严峻的国际、国内形势下，应优化产业结构升级，不断增强产业国际竞争力。所谓产业结构就是指农业、工业和服务业等在一国 GDP 中所占的比重，一个国家经济发展水平和发展质量的重要度量指标就是产业结构，通常认为产业结构越合理，经济发展质量和水平就越高。产业结构升级就是产业由低端向高端转化、由不合理向合理转化。产业结构合理化的一个标准就是产业结构重心由第一产业向第二产业和第三产业逐次转移，以及在各产业部门之间产值、就业人员、固定资产的变动。

1. 第一、二、三产业占 GDP 的比值

根据已有相关文献和理论分析，可知第一、二、三产业占 GDP 比值是产业结构升级重要的度量指标。下面将详细介绍中国第一、二、三产业占 GDP 比值的现状，由于中国经济发展水平存在地域差异，根据中国经济发展状况，本书将中国分为东、中、西部，分别介绍中国第一、二、三产业占 GDP 比值的现状，并进行对比分析。

由图 3-19 可以看出，中国第一、二、三产业产值逐年增长，第三产业产值增长幅度大于第二产业产值，第二产业产值增长幅度大于第一产业产值。在 2011—2019 年期间，第一产业总值所占比重低于第二产业总值和第三产业总值。在 2012 年以前，第三产业总值低于第二产业总值，2013 年以后第三产业总值高于第二产业总值，中国第三产业产值增长很快。根据中国 2011—2019 年第一、二、三产业产值的变化趋势，说明中国产业结构正向高级化和合理化转移。由表 3-3 图 3-20 可以看出，在 2011—2019 年期间，第一产业占 GDP 的比值和第二产业占 GDP 的比值一直处于下降趋势，与第一产业相比较，第二产业占 GDP 比值下降波动幅度更大。2018 年，第二产业占 GDP 比值有上升趋势。第三产业占 GDP 比值一直处于上升趋势，随着商业、金融等服

务业的快速发展，第三产业总值不断增加的同时其占比也逐年提高，且远远超过第一产业占比。根据中国 2011—2019 年第一、二、三产业产值占 GDP 比值的变化趋势，说明中国产业结构正向高级化和合理化转移。

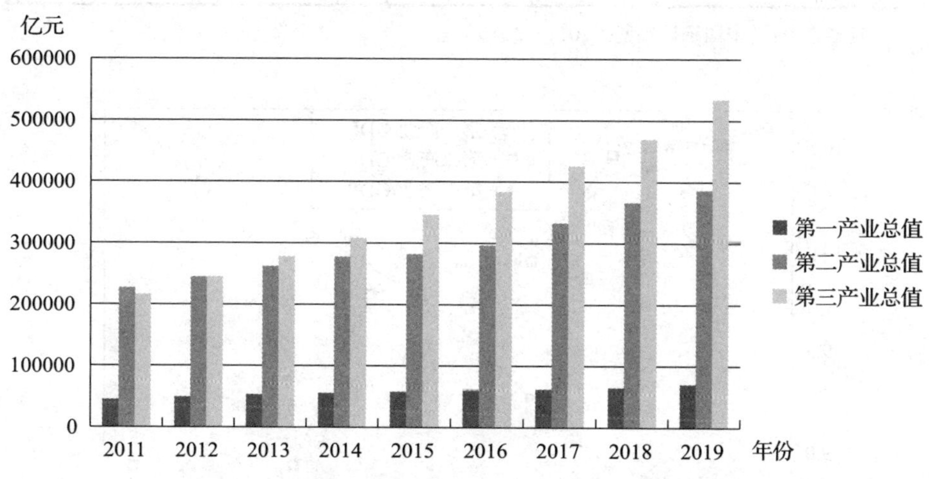

图 3-19　中国 2011—2019 年第一、二、三产业产值

资料来源：《中国统计年鉴（2011—2019）》。

表 3-3　中国 2011—2019 年第一、二、三产业总值及占比

年份	第一产业总值 / 亿元	第二产业总值 / 亿元	第三产业总值 / 亿元	第一产业占比 /%	第二产业占比 /%	第三产业占比 /%
2011	44781.4	227038.8	216120.0	9.2	46.5	44.3
2012	49084.5	244643.3	244852.2	9.1	45.4	45.5
2013	53028.1	261956.1	277979.1	8.9	44.2	46.9
2014	55626.3	277571.8	308082.5	8.7	43.3	48.0
2015	57774.6	282040.3	346178	8.4	41.1	50.5
2016	60139.2	296547.7	383373.9	8.1	40.1	51.8
2017	62099.5	332742.7	425912.1	7.6	40.5	51.9

续表

年份	第一产业总值 / 亿元	第二产业总值 / 亿元	第三产业总值 / 亿元	第一产业占比 /%	第二产业占比 /%	第三产业占比 /%
2018	64734.0	366000.9	469574.6	7.2	40.7	52.2
2019	70466.7	386165.3	534233.1	7.1	39.0	53.9

资料来源:《中国统计年鉴(2011—2019)》。

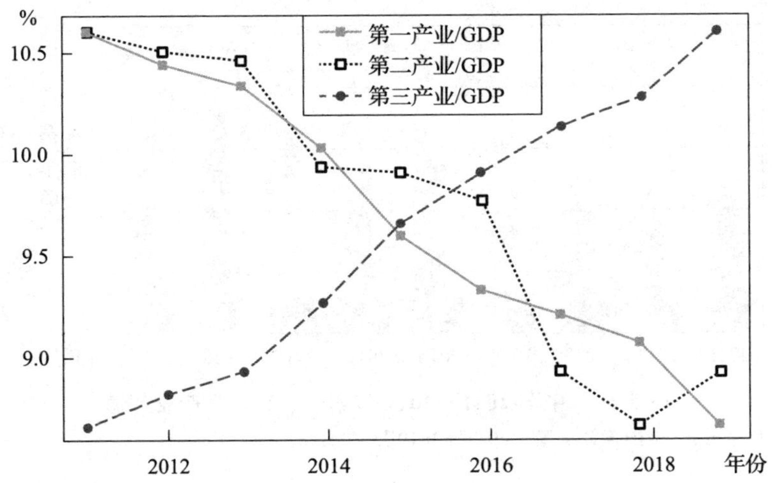

图 3-20　2011—2019 年中国第一、二、三产业占 GDP 比值趋势

资料来源:《中国统计年鉴(2011—2019)》。

根据经济发展程度，将中国分为东、中、西部，研究第一、二、三产业占 GDP 比值的区域性差异。由图 3-21 可以看出，在 2011—2019 年期间，东、西部第一产业与 GDP 的比值下降趋势相同，中部第一产业占 GDP 的比值明显高于东、西部第一产业占 GDP 的比值，2018 年以后，东部第一产业占 GDP 比值有上升趋势。由图 3-22 可以看出，在 2011—2019 年期间，东、中部第二产业占 GDP 比值的下降趋势趋同，西部第二产业占 GDP 比值一直高于东、中部第二产业占 GDP 比值。由图 3-23 可以看出，在 2011—2019 年期间，西部第三产业占 GDP 比值上升趋势明显低于东、中部第三产业占 GDP 比值上升趋势。在 2011—2015 年期间，东、中部第三产业占 GDP 比值上升趋势相同；2015—2019 年期间，中部第三产业占 GDP 比值高于东部第三产业占 GDP 比值。

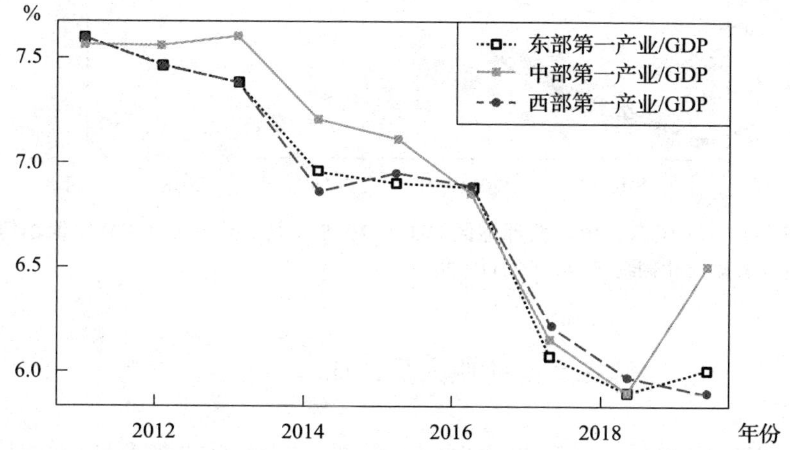

图 3-21　中国东、中、西部地区 2011—2019 年第一产业占 GDP 比值趋势

资料来源：《中国统计年鉴（2011—2019）》。

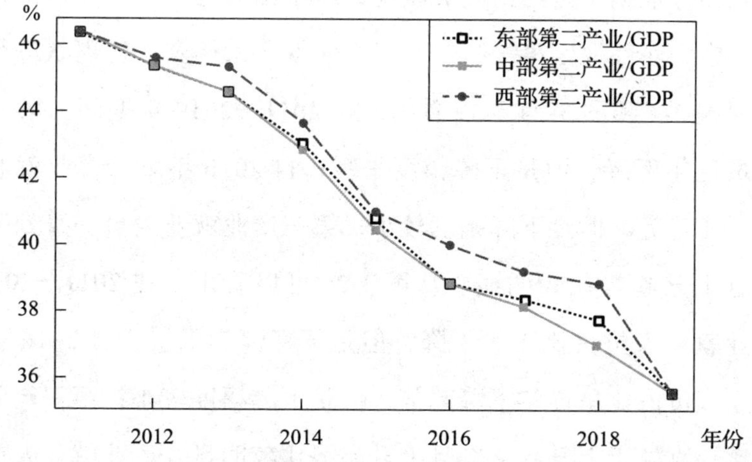

图 3-22　中国东、中、西部地区 2011—2019 年第二产业占 GDP 比值趋势

资料来源：《中国统计年鉴（2011—2019）》。

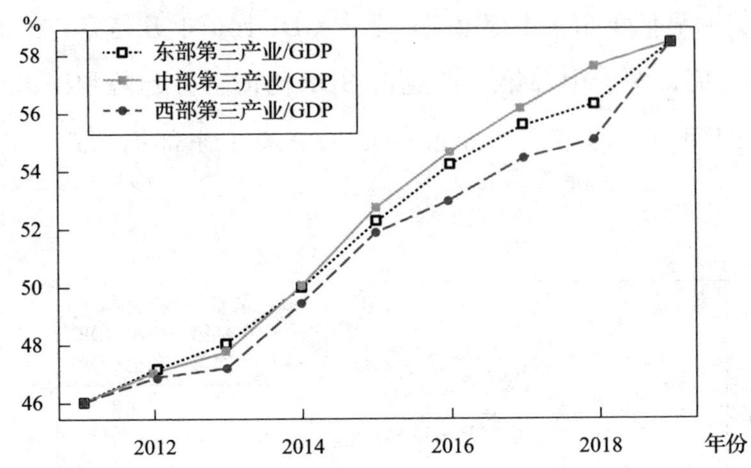

图 3-23　中国东、中、西部地区 2011—2019 年第三产业占 GDP 比值趋势
资料来源：《中国统计年鉴（2011—2019）》。

2. 第一、二、三产业就业人员占比

根据已有相关文献，将中国第一、二、三产业就业人员及占比作为产业结构升级的度量指标。下面分析中国第一、二、三产业就业人员及占比现状，并根据中国经济发展状况，将中国分为东、中、西部，并对中国东、中、西部地区第一、二、三产业就业人员及占比现状进行对比分析。由表 3-4 和图 3-24 可以看出，在 2011—2019 年期间，第一产业就业人员逐年下降，但是下降幅度平缓；自 2016 年第二产业就业人员呈逐年下降趋势，但是下降幅度较小；第三产业就业人员一直处于上升趋势，且上升趋势比较明显。从图 3-25 可以看出，在 2011—2019 年，第一产业就业人员占比逐年下降，但是下降幅度平缓；自 2016 年第二产业就业人员占比呈逐年下降趋势，但是下降幅度较小；第三产业就业人员占比一直处于上升趋势，且上升趋势比较明显。产业就业人员与产业就业人员占比的趋势图类似。

表 3-4　中国 2011—2019 年第一、二、三产业就业人员及占比

年份	第一产业就业人员/万人	第二产业就业人员/万人	第三产业就业人员/万人	第一产业就业人员占比/%	第二产业就业人员占比/%	第三产业就业人员占比/%
2011	26594	22544	27282	34.8	29.5	35.7
2012	25773	23241	27690	33.6	30.3	36.1
2013	24171	23170	29636	31.4	30.1	38.5
2014	22790	23099	31364	29.5	29.9	40.6
2015	21919	22693	32839	28.3	29.3	42.4
2016	21496	22350	33757	27.7	28.8	43.5
2017	20944	21824	34872	27.0	28.1	44.9
2018	20258	21390	35938	26.1	27.6	46.3
2019	19445	21305	36721	25.1	27.5	47.4

资料来源：《中国统计年鉴（2011—2019）》。

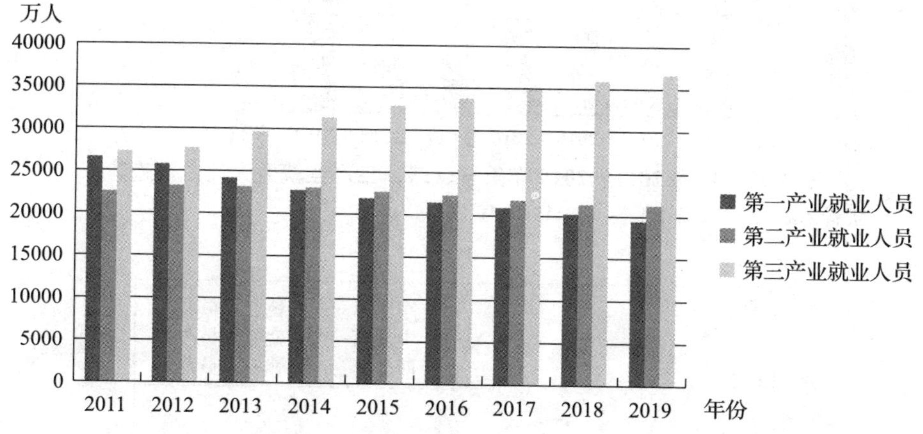

图 3-24　中国 2011—2019 年第一、二、三产业就业人员趋势

资料来源：《中国统计年鉴（2011—2019）》。

由图 3-26 可以看出，中国东、中、西部第一产业就业人员占比总体上处于下降趋势，东部地区在 2013 年出现一个拐点，并且东、中、西部第一产业就业人员占比下降趋势差异较大；由图 3-27 可以看出，在 2011—2013 年期间，中国东、中、西部第二产业就业人员占比处于上升趋势，并且东部第二产业就业人员占比高于西部第二产业就业人员占比，中部第二产业

就业人员占比最低；在2013—2019年，中国东、中、西部第二产业就业人员占比处于下降趋势，且东、中、西部下降趋势相同。由图3-28可以看出，在2011—2013年期间，中国东、中、西部第三产业就业人员占比处于下降趋势，且中部第三产业就业人员占比高于西部第三产业就业人员占比，东部第三产业就业人员占比最低；2013—2019年期间，中国东、中、西部第三产业就业人员占比处于上升趋势，且东、中、西部上升趋势相同。

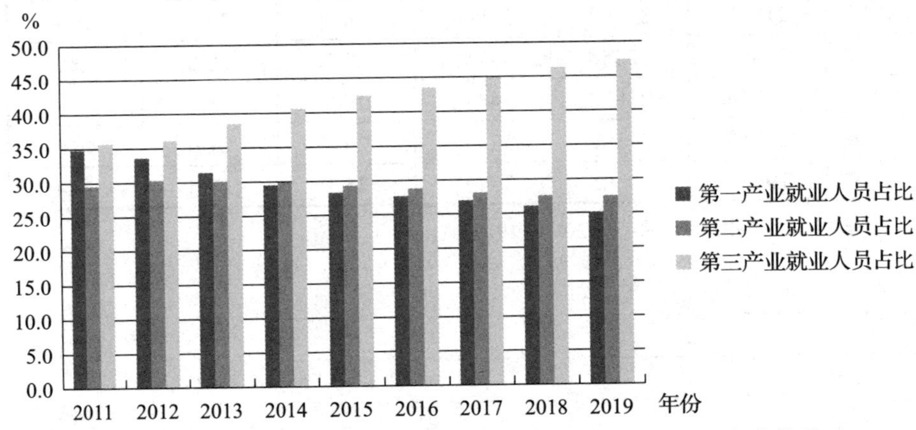

图3-25　中国2011—2019年第一、二、三产业就业人员占比趋势

资料来源：《中国统计年鉴（2011—2019）》。

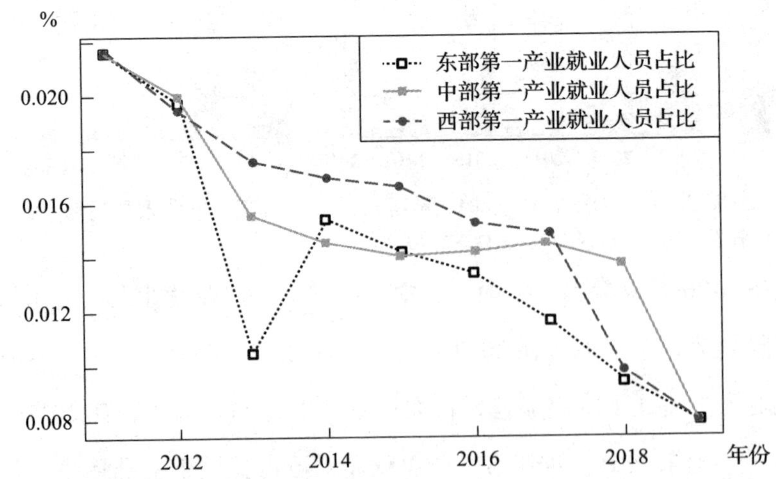

图3-26　中国东、中、西部地区第一产业就业人员占比趋势（2011—2019年）

资料来源：《中国统计年鉴（2011—2019）》。

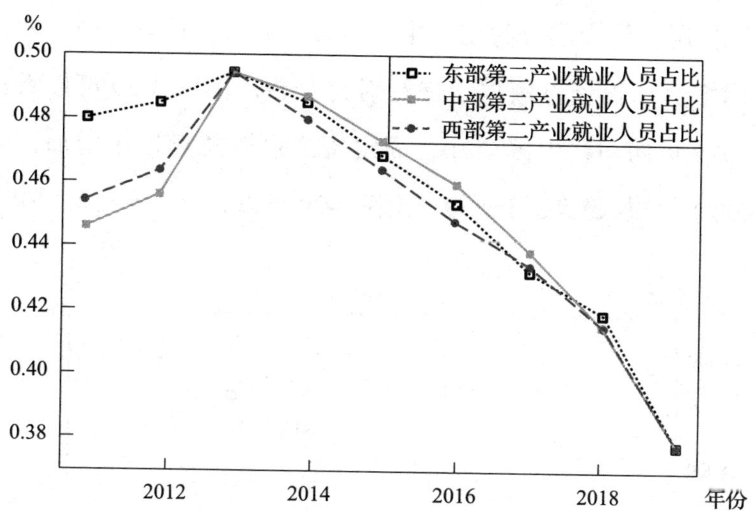

图 3-27 中国东、中、西部地区第二产业就业人员占比趋势（2011—2019 年）

资料来源：《中国统计年鉴（2011—2019）》。

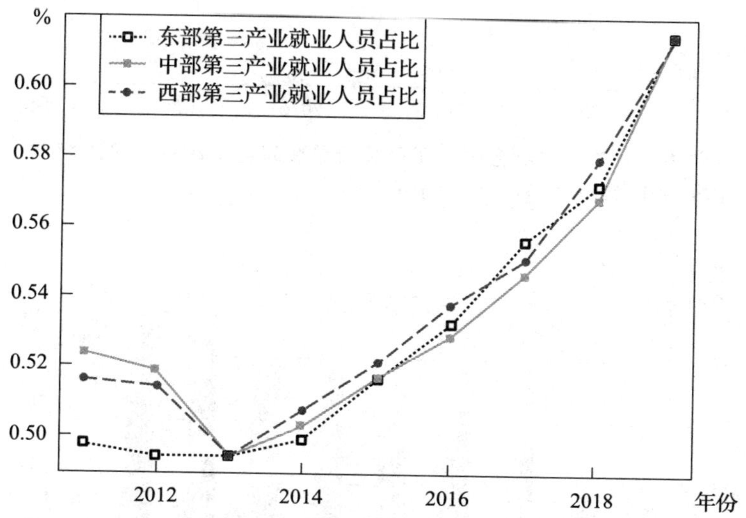

图 3-28 中国东、中、西部地区第三产业就业人员占比趋势（2011—2019 年）

数据来源：《中国统计年鉴（2011—2019）》。

3. 全社会固定资产投资总额

根据已有相关文献，将全社会固定资产投资总额作为产业结构升级的度量指标。下面将介绍全社会固定资产投资总额的现状，并根据中国经济发展情况，将中国分为东、中、西部，并对中国东、中、西部地区全社会固定资产投资总额现状进行对比分析。由图 3-29 可以看出，在 2011—2019 年期间，中国全社会固定资产投资总额逐年增加，但是从 2015 年开始，增长趋势趋于平缓。由图 3-30 可以看出，中国东、中、西部

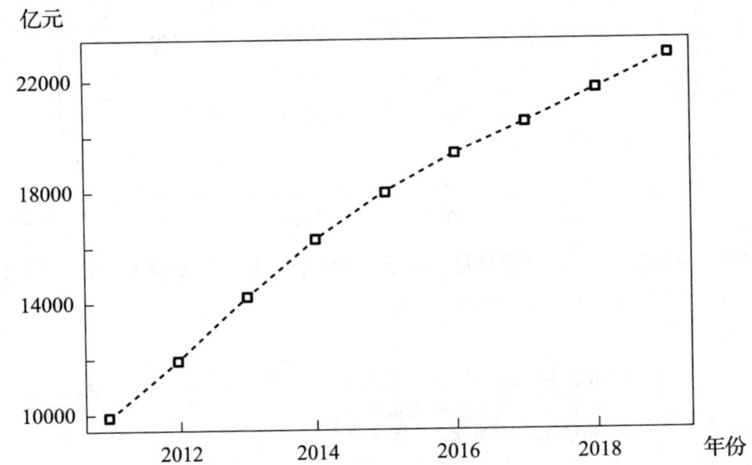

图 3-29 中国全社会固定资产投资总额趋势（2011—2019 年）

资料来源：《中国统计年鉴（2011-2019）》。

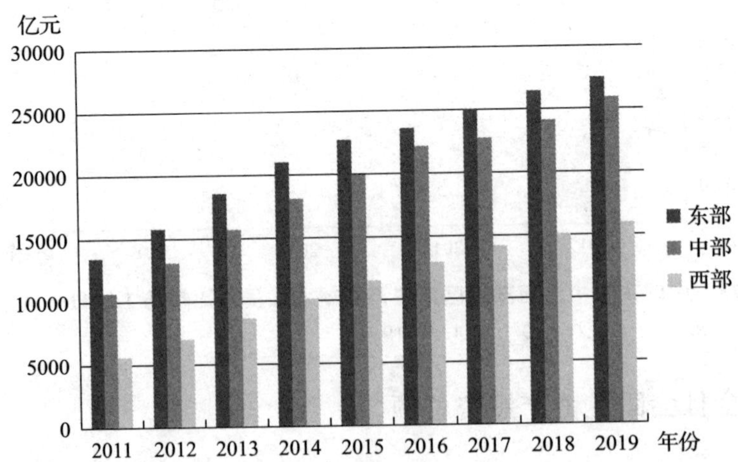

图 3-30 中国东、中、西部全社会固定资产投资总额趋势（2011—2019 年）

资料来源：《中国统计年鉴（2011—2019）》。

全社会固定资产投资总额均逐年增加，东部全社会固定资产投资总额明显高于中部全社会固定资产投资总额，西部全社会固定资产投资总额最低。

3.4 本章小结

本章首先介绍了中国科技金融的发展历程，将科技金融的发展历程分为 7 个阶段，针对每一阶段进行了详细的阐述分析，介绍了 2011—2019 年，中国全国和东、中、西部地区政府财政科技支出及占比、风险投资额、R&D 人员全时当量等科技金融度量指标，并对中国科技金融发展障碍进行了总结：一是与科技金融相关的政策法规需继续完善，二是增加沟通科技与金融的专业中介机构，三是科技金融创新体制需持续优化，四是中国资本市场需与发展科技金融相适应。其次，详细介绍了中国全国及东、中、西部地区专利授权数量、新产品销售收入、技术市场成交额等科技创新度量指标。最后，详细阐述了中国全国及东、中、西部地区第一、二、三产业占比，第一、二、三产业就业人员占比，全社会固定资产投资总额等产业结构升级度量指标。以上内容为后面章节的实证分析提供事实依据和基础。

第4章 CHAPTER4

理论分析和研究设计

根据前面章节的文献评述和现状分析，本章主要对科技金融、科技创新和产业结构升级三者之间的关系进行理论分析，在此基础上，探寻科技金融、科技创新和产业结构升级的指标体系，为第5章的实证分析提供理论依据和评价指标。

4.1 理论分析

根据前面文献可知，科技金融对产业结构升级产生正向影响作用。对于科技企业发展所需的劳动力和资金，科技金融均可满足，进而优化产业结构升级。对于科技金融与科技创新的关系，本书认为两者之间存在单向因果关系，即科技金融对科技创新起显著的正向影响作用。科技金融资源的投入，使得科技创新活动有资金保障，能够增强科技创新活动的研发强度，增加科技创新活动的研发人员。关于科技创新与产业结构升级的关系，大部分学者认为科技创新对产业结构升级有显著的正向影响作用。科技创新可以提升企业资源的使用效率，有效降低企业的各种运营成本，控制和分散企业面临的风险，因此现代企业要想在激烈的市场竞争中获得优势，必须提高自身的科技创新能力。对于科技金融、科技创新与产业结构升级三者之间的关系，本书认为对于不同技术创新含量的企业来说，企业科技金融对产业结构升级产生的影响作用不同。同时，本书认为企业将获取的大部分科技金融资源用于企业的科技创新活动，即主要通过科技创新这一路径来影响产业结构升级。

4.1.1 科技金融对产业结构升级的影响

当前，中国经济正由高速发展阶段转向高质量发展阶段，但发展受到各种要素的制约，如市场、资源等，中国政府迫切希望实现产业结构升级。中国正由要素驱动转向创新驱动，在此背景下，发展科技金融可以积累大量资金，这些资金具有高度的流动性，可以有效解决产业结构升级的资金问题。Saint-Paul 认为，完备的金融体系具有四项功能：第一，为专业化技术生产和社会化大生产提供金融支持；第二，促进经济高质量发展；第三，促进产业结构优化升级；第四，为风险投资者分散风险。[156]胡欢欢和刘传明以中国 39 个地级市为研究对象，构建双重差分模型，研究科技金融政策对产业结构优化升级的影响，研究发现，科技金融政策的实施对产业结构升级起显著的正向影响作用，且实施效果与时间呈显著的正相关关系；科技金融政策对产业结构升级的影响具有区域异质性。[157]科技金融对产业结构升级的促进作用，主要体现在如下两个方面。一是科技金融可以改造旧的传统产业，二是科技金融可以助推新产业的出现和发展。科技金融对产业结构起影响作用的机制和路径主要通过影响市场供给侧、增加政府在科技领域的财政支出、重新配置要素和增加资本流动、实行优胜劣汰机制等，如图 4-1 所示。

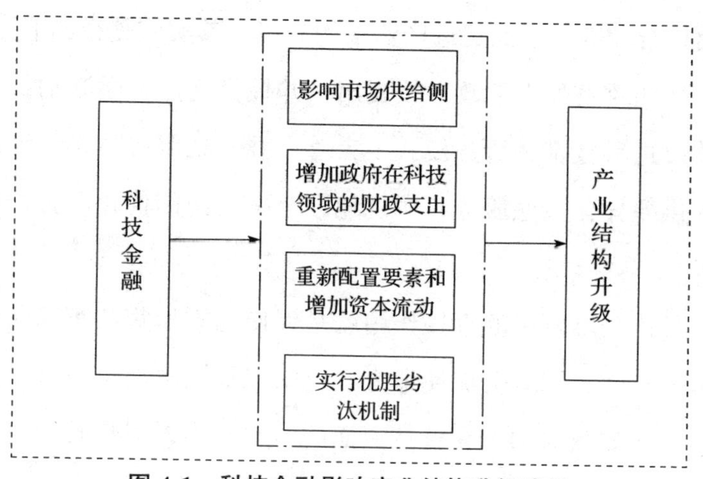

图 4-1 科技金融影响产业结构升级路径

1. 科技金融通过影响市场供给侧来促进产业结构升级

研究发现，产业结构升级与科技金融发展水平存在显著的正相关关系，即科技金融发展水平越高，越有利于产业结构升级。因为科技金融构建了多层次金融服务体系，企业的融资渠道更多、更广。同时，科技金融本身也属于新兴产业，科技金融对经济社会发展具有引领作用，改变生产方式，并将科技转化为财富，因此科技金融会带动体制机制改革，对劳动力、原材料和资金等进行优化配置。注重引导金融市场资金配置功能的进一步强化和金融市场科技金融服务体系的不断完善，以此来为科技型企业提供更加便捷和优惠的金融服务。具有较强科研实力、具有较好发展前景的中小型科技企业利用科技金融搭建的平台获取资金支持，使企业获得创新和发展空间，激发企业的创新动力，使该企业在激烈的市场竞争中获得一席之地，提高高新技术产业占比，促进产业结构升级。

2. 科技金融通过增加政府在科技领域的财政支出来促进产业结构升级

研究发现，科技金融发展水平较高的地区，当地政府在科技领域的财政支出也会较高，进而促进产业结构升级，其实施路径如下。

（1）当地政府加大财政科技支出，并提供优惠补贴激励，引导金融市场主体改进科技金融服务模式，完善科技金融服务体系，为成长阶段的企业提供差异化金融服务，实现地区金融资源的优化配置，促进产业结构升级。

（2）科技金融发展的直接作用就是促使地方信贷政策偏向科技含量较高的第三产业，同时会促使地方政府采取措施解决科技型中小企业的融资难问题，如政府加大在科技方面的财政支出，对科技型中小企业提供税收优惠等。

（3）当地政府的行为也会对产业结构升级产生影响，如当地政府财政的收入和支出分权会对产业结构升级产生影响。同时，当地政府提高行政效率也会对产业结构升级产生积极的促进作用。可见，当地政府财政支出对产业结构优化升级产生了一定的影响，当地政府对科技金融提供更多的政策和资金支持，会在一定程度上促进该地区的产业结构升级。

3. 科技金融通过重新配置要素和增加资本流动促进产业结构升级

科技金融可以通过促进产业结构合理化这一路径来实现产业结构升级。为了进一步提升科技金融发展水平，政府部门颁布了一系列制度和规定，如颁布优惠贷款政策、提供补贴政策，通过这些政策对科技金融产业进行重点扶持，为后续产业结构升级指明了清晰的选择范围。科技金融对产业结构的促进作用主要体现在：金融市场可以实现要素的高效配置，将有限的资金引向高效率产业；要素禀赋如果发生扭曲可以通过科学合理的金融机构进行缓解；金融体系的信用创造可以大幅度提升新技术产业流动性。同时，该政策在很大程度上规避了产业发展过程中的非理性投资和生产活动，提高了金融资源配置的高效性，减少了产业的不合理波动，使产业间协调能力和关联度逐渐提高，从而促进产业结构的合理化发展。金融机构运用科技金融构建一个投资服务平台，金融机构可以对分散的金融资源进行有效整合，为科技企业提供投融资服务，并有助于构建良好的金融服务环境，对于科技企业经常面临的融资难和融资贵等问题可以有效解决。对金融资源进行有效合理的配置对资本积累具有显著的促进作用，促使生产要素在不同产业之间进行合理分配，促进产业结构转型升级。

4. 科技金融通过实行优胜劣汰机制影响产业结构升级

科技金融为有竞争力的新兴产业提供资本支持和服务，对其大力支持，而没有被支持的传统产业将被淘汰出局。产业一般分为第一产业、第二产业和第三产业，其中第一产业技术含量较低，而第二产业和第三产业技术含量较高，因此高新技术产业大多分布在第二产业和第三产业。高技术产业通常发展前景较好、包含密集的知识和技术、具有较高的经济效益，因此高技术产业属于知识密集型、技术密集型等高附加值产业，高技术产业发展可以显著促进产业结构升级。产业结构得到优化和升级的主要特征是高技术产业得到快速发展，因此高技术产业的发展意味着产业结构的升级。高技术产业的发展对传统产业的劳动力转移产生了巨大的冲击，科技创新将显著提升传统产业的生产效率，淘汰部分技术不熟练、学历较低的劳动力，同时高技术产业需求大量的劳动力，且高技术产业具有较高的工资水平，因此大量的劳动力会从第一产业逐渐转移到第二产业和第三产业，进而改变劳动力的就业结构，促进产业结构升级。但是，高技术产业面临的风险较高，因此尽管高技术产业具有远大的发展前景和较高的经济收益，但却较难获得银行贷款。科技金融对高技术产业提供融资支持，对战略性高技术产业的发展具有促进作用，加速产业结构升级。高技术产业在不同的发展阶段，面临的风险也不同，因此高技术产业需要可以承受不同风险程度的资金提供者，尤其高技术产业在初始阶段、成长阶段面临的风险更大，需要资金提供机构承受更大的风险，银行等传统金融机构遵守安全性和流动性原则，对处于初始阶段和成长阶段的高技术产业较少提供资金支持，导致高技术产业难以融到所需的资金，科技金融的发展对高技术产业的发展具有显著的促进作用，同时科技金融具有带动作用，可以带动银行等传统金融机构支持高技术产业。除了金融机构提供的政策性资金和商业性资金，高技术产业还可以通过资本市场、风险投资结构进行融资，将创新技术由理论变为现实、由实验室推向市场。

下面具体分析一下在高技术产业不同发展阶段，科技金融对产业结构升级的影响作用，将高技术发展阶段分为三个阶段：初始阶段、创业阶段和成长阶段。在初始阶段，政策性金融和天使投资为高技术产业提供融资支持；在创业阶段，高技术产业将科技成果转化为产品，为将创新产品成功推向市场，高技术产业在创业阶段对资金有大量需求，风险投资机构、银行和资本市场等方式均可为高技术产业提供资金支持；在成长阶段，科技金融可以支持高新技术产业进行大规模生产。由此可见，科技金融对产业结构升级起显著影响作用。对于整个产业规模和技术水平的提高、产业结构的升级和优化，高技术产业提供了巨大的帮助，而科技金融通过增强高技术企业的创新动力和创新能力，持续为高技术产业提供资金支持，间接促进了产业结构的升级。

4.1.2 科技金融对科技创新的影响

21 世纪以来，全球的科技经济进入了高速发展阶段，美国、日本等发达国家之所以在世界经济舞台上占据重要地位，主要原因是这些国家非常注重科技创新，它们构建高效有序的金融环境，通过资金支持科技创新的发展水平，促进产业结构升级。中国也越来越重视产业结构升级及科技创新，并将其提升到国家发展战略上来。中国共产党第十七次全国代表大会确定国家发展战略的核心为“提高自主创新能力，建设创新型国家”，并将其作为提高国家综合国力的关键环节。党的十七届五中全会则进一步提出要把科技进步和创新作为加快转变经济发展方式的重要支撑和加快建设创新型国家的基本要求。2014 年，夏季达沃斯论坛提出“大众创业，万众创新”，自此“双创”浪潮开始兴起。芦锋和韩尚容（2015）认为，中国解决高污染和产能过剩等问题的基本方法，就是大力发展科技创新。2016 年，国务院颁布了《“十三五”国家科技创新规划》。2017 年党的十九大报告中明确提出，创新是引领发展的第一动力，是建设现代化经济体系的战略支撑。中国政府颁布的政策表明，科技创新将持续作为中国产业结构升级的强劲动力。2020 年是中国全面建成小康社会之年，是全面打赢脱贫攻坚战收官之年，中国的综合国力有了质的飞跃，这得益于中国不断进行科技创新的结果。中国科学院第十九次院士大会提出，创新从来都是九死一生，但必须有“亦余心之所善兮，虽九死其犹未悔”的豪情。

推进科技强国、科技兴国，但科技创新发展离不开科技金融的引领支持。科技创新与金融资源的协同发展对于经济的提高有着至关重要的作用。科技金融作为科技创新领域的制度性安排，不仅有利于动员社会资本围绕国家科技创新重大决策部署加大科技创新投入，加快形成多元化、多层次、多渠道科技投入体系，也有利于形成各方协同监管，大幅度提高科技创新投入绩效，更有利于重大研发成果迅速转化落地，有效提高金融业对实体经济发展、科技创新的支持力度，加快培育和发展新动能。科技金融关乎国家创新的发展，是国家提高国际影响力的“动力机”。科技金融和科技创新的结合，符合国家复兴、发展强国的需要，是国家进入小康社会及实现现代化强有力的助力。

从1985年，在《关于科学技术体制改革的决定》中，中共中央首次提出以风险投资来支持高新技术产业的发展。而科技创新具有风险较高同时收益也高的特点，而金融具有追求收益分散风险的特点，因此科技和金融自然而然地融合到一起，科技金融也随之产生。金融资本作为引导和支持创新的关键要素，在科技创新过程中的作用尤为突出。任何一项技术创新成果在其研发、应用转化、产业化的各个阶段，都存在着不断扩大的资金需求，没有金融资本的支持，技术创新就如“无水之源”，难以成为推动国家经济增长的引擎。

随着科技创新与金融在经济增长中的作用日益突出，国内外学者开始关注科技创新与金融发展之间的关系，并进行了相关的研究，这些研究主要体现在以下两个方面。有些学者认为科技金融给予科技创新资金上的支持从而提高了企业的科技创新能力，也有学者认为金融资本的投机性使得在研发的初期金融资本投入较少，而在创新有一定的获利性时又有大规模的金融资本的投入，这样可能会有金融和科技创新阶段性的不匹配现象的出现，科技金融对科技创新能力的提高产生了阻碍作用。根据世界经济的历史发展轨迹，世界经济经历了五次技术革命，每一次革命都验证了创新与金融之间存在相互依存、相互融合的发展范式，科学技术创新在发展过程中因获得金融资本的支持，从而促进了科技创新成果的高效转化和产业化，同时，科技创新又反哺金融创新，推动其发展。段世德和徐璇认为，中国的金融模式需要改变，应由传统的金融模式转变为科技金融模式，转变的路径就是将科技创新与金融资源进行有效结合，同时科技金融通过促进新兴产业的发展，促使中国经济转型成功，对科技创新的发展具有促进作用。[158]杨卉芷和马鑫杰采用中国2005—2010年省级相关面板数据，构建科技金融度量指标体系：国内专利授权数、财政科技支出、风险投资和科技贷款，运用灰色管理分析模型，研究科技金融对科技创新的影响作用，研究发现政府财政科技支出对科技创新起显著正向影响作用。[159]已有学者发现，科技金融对科技创新的影响受到科技创新不同发展阶段的影响，下面将重点介绍这种影响，同时详细介绍科技金融对科技创新影响的机制和路径。

1. 科技金融在不同阶段对科技创新产生不同的影响

科技创新所在的阶段不同，科技金融对科技创新的影响作用不同，因此，在不同的科技创新阶段，科技金融的运作方式也不同。已有文献大部分将科技创新分为三个阶段：孵化阶段、转化阶段和成长阶段。下面根据科技创新的不同阶段，详细阐述科技金融对科技创新的影响作用。

第一阶段：新技术或新产品的孵化阶段。在孵化阶段，科技创新就是高等院校、科技研发机构，甚至是个人在研究的过程中，获得的某一新产品或某一新技术。但是科技创新不仅包括新技术、新产品的创新，还包括思想的创新，因此，科技创新是一个系统性工程，这个工程既复杂又庞大。在孵化阶段，科技创新需要大量资金的投入，而这一过程又有很大的不确定性和风险，资金的投入主要以企业的自有资金为主，风险投资机构为部分企业提供首轮融资。在孵化阶段，科技创新具有如下三个特点。第一，对资金具有较大的需求；第二，科技创新面临着较大的风险；第三，科技创新的外部性较强。因此，在孵化阶段，需要政府部门的介入来支持科技创新，介入的方式主要是给予资金支持，比如政府经常性向科研机构、高校提供经费，支持企业研究开发新技术、新产品，或者是政府向一些科技型公司提供资金或实行免税政策以支持其技术创新。

第二阶段：转化阶段。在转化阶段，科技企业将科研成果转化为产品，并将产品投放到市场。从新技术到新产品的阶段，需要科技和技术的支持，因此技术合同的买卖交易在转化阶段非常频繁。将新产品投放到市场，首要是被市场接受。在转化阶段，科技创新的外部性处于降低的趋势，如果科技成果转化失败，科技企业的相关投资者将损失惨重，如果科技成果转化成功，则科技企业的相关投资者将获得巨大利润，因此在转化阶段，科技企业具有高收益、高风险的特征。在转化阶段，为科技创新提供金融服务的主体主要是风险投资机构，风险资本是创新资本的主体。在转化阶段，公共科技金融起次要作用，主要对金融资源起引导性作用。

第三阶段：高技术产业化阶段，即成长阶段。在高技术产业化阶段，新的科技企业会逐渐进入市场，导致市场规模不断壮大，逐渐形成相关的高技术产业，因此在这一阶段新产品将被大规模生产。在高技术产业化阶段，科技创新需要不同类型的科技金融服务，同时 PE 机构（私募股权投资机构）在风险投资机构中占据主要地位；在高技术产业化阶段，高技术产业也可以通过资本市场进行融资；在中国产业结构调整升级的重要时刻，政府会参与到调整产业结构的过程中，如引导资金进入高技术产业，促进高新技术产业的发展。

2. 科技金融对科技创新的影响机制

科技金融对科技创新的影响主要通过以下四种机制进行：运用审查机制筛选科技创新项目，科技金融对不同阶段科技创新面临的风险进行分散和控制，科技金融为科技创新提供资金支持，科技金融对科技创新进行监督和激励，下面将具体介绍这四种机制和路径，如图 4-2 所示。

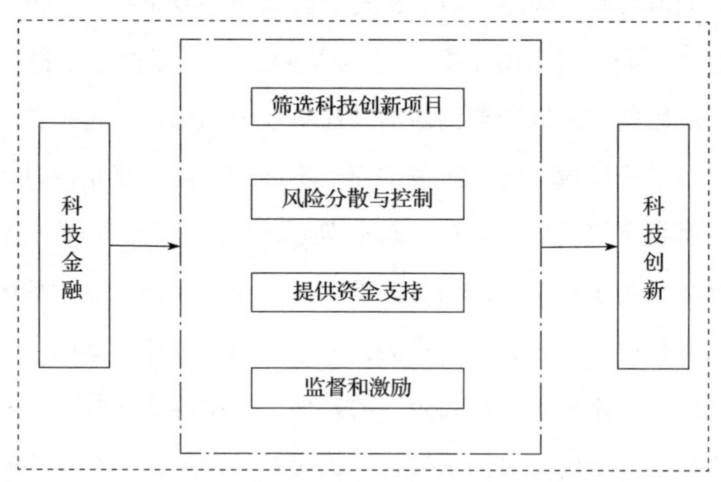

图 4-2　科技金融对科技创新的影响路径

（1）运用审查机制筛选科技创新项目。

科技金融主体投资创新项目时会主动进行筛选，选择那些可以获得巨大收益的、具有投资价值的创新项目，如果选择到具有较好前景的创新项目，不仅对科技金融主体有益，对科技企业也有益处，如科技企业的工作人员可以获得丰厚回报，可以提高员工的积极性，科技企业在激烈的市场竞争中获得竞争优势，从而可以提升科技企业创新水平。因此，在科技企业与金融主体之间形成良性循环，即形成了一种两者之间互相激励的模式。政府财政与科技部门在科技资金配置过程中，通过项目指南、专家审查等方式筛选优先支持的创新项目；商业银行发放科技贷款之前需要对创新企业进行严格的审查，以降低信贷风险；科技资本市场投资者基于上市公司公告、财务报表等信息，向表现优异的科技企业进行投资；项目筛选机制是金融主体进行风险投资的必要步骤，金融主体对投资项目进行筛选，应考虑到自身情况，如自身的投资经验、资本实力、对投资行业的战略判断和投资策略等。

（2）科技金融对不同阶段科技创新面临的风险进行分散与控制。

科技创新具有高风险性质。科技创新是一个复杂的动态过程，不仅会面临外部环境的不确定，同时也会受到创新对象的复杂性及创新者自身实力的影响，从而导致创新活动面临较大的风险。科技创新过程因为需要经过三个阶段，各个阶段都面临不同的风险，但是经过市场的检验，并被市场所接受后，企业可以根据创新成果获得高额的收益，企业的利润部分取决于前期对该创新成果的投入及后期被产业化后的收益之差，因此科技创新的过程是具有高投入、高风险、高收益的。科技创新具有高风险性严重阻碍了科技企业的发展，并阻碍了科技企业的技术进步。由于随机因素的不可控制性，科技企业的创新活动会面临各种各样的风险。金融体系对风险具有分散和管控的作用，因此，为了降低风险给科技创新带来的危害，应构建完备的金融体系。针对不同类型的风险采用不同的措施，如当科技创新遇到流动性风险时，可以借助资产证券化的方法，提高流动性；针对收益波动风险，应根据金融产品的特点、科技创新项目的特征，科学合理的分配资源，可以显著减小资金投资收益波动幅度，还可以利用金融衍生产品对相关的资产进行套期保值，利用保险将风险转移。因此，科技企业应对自身的发展状况和前景具有清晰的认识，在此基础上，合理利用金融组合转移与分散企业创新活动中的风险。而金融业能够运用现代金融工具，通过多层次的信用担保体系、风险转移和分散体系，识别、规避或分散科技创新主体面临的风险，对于促进创新活动的稳定发展发挥着重要作用。

科技金融体系中的多样化金融措施可以为科技创新从不同层次规避、分散和转化风险。资本市场不仅可以为科技创新提供资金支持，而且在提供资金的同时能够将创新风险通过股份分散到投资者手中，再借助退出机制等其他资本市场机制降低投资者风险。资本市场上的主要融资手段是直接融资，但商业银行等金融机构愿意参与到成熟阶段的高新技术企业，对未来收益不明显的科技创新阶段的企业参与积极性较差。但随着金融创新的发展，资产证券化、金融衍生产品、金融衍生工具的出现，金融机构利用金融衍生工具进行套期保值可以避免资产价值发生大幅度波动，间接地为科技创新活动提供了保证。

（3）科技金融为科技创新提供资金支持。

企业是进行科技创新的主体，在进行创新的过程中需要源源不断的资金支持来保证项目的顺利进展。科技创新是庞大而复杂的系统工程，包括创新构思、技术或工艺的研发、试验、生产与市场开拓等众多过程，需要投入生产试验设备、厂房及研发人员、生产人员、销售人员等大量相关资源，这些都会转化为对资金的迫切需求，因此科技创新具有高投入性质。从知识创新到成果转化及产业化，科技创新过程中的每个阶段都需要大量的资金投入，任何一个环节的资金链断裂，都将导致科技创新活动的失败，但企业自有资金有时不能满足这一需求，所以需要通过融资来满足。同时，来自政府与金融市场的各类科技金融资本为科技创新活动提供了重要的资金支持。科技金融的目标就是借助金融体系促进金融持续创新，从而为各种科技创新提供资金支持。科技金融主体的资本融资作用，即金融机构利用自身优势将资金聚集起来，如银行利用存款和售卖理财产品的形式从储户手里聚集资金，金融机构将这些资金投入到科技企业，以此来获得高收益。银行等金融机构利用如下方式将资本聚集起来。

第一，金融机构（如银行等）利用提高存款利率的方式，将家庭和个人手中的闲散资金聚集起来；银行通过科技信贷将科技企业与个人、家庭连接起来，将个人和家庭的资金投入到科技企业，金融机构把聚集的资金引向创新领域，提供给需要融资且具备相关资格的科技创新活动。金融机构能够连接资金供给者和资金需求者，既解决了科技企业的融资难题，又使社会闲散资金得到了高效使用。从科技创新初始阶段到科技创新产业化阶段，每一阶段均有融资需求，且需求方式不同，发展过程中的每个阶段都有不同的风险特征。

第二，财政科技投入以科技计划、财政补贴等方式为科技创新提供资金。

第三，科技资本市场投资者和风险投资者运用股权投资模式，将投资者和科技企业联系起来。

（4）科技金融对科技创新进行监督和激励。

基于安全性的考虑，科技金融主体将严格约束科技创新主体的行为，并对科技创新主体行为进行监督。当科技创新主体去银行等金融机构申请科技贷款，金融机构会对科技企业进行全面评估，主要评估企业的创新能力、发展前景、负债状况和盈利能力等，只有符合要求，金融机构才会贷款给科技企业，同时为了预防道德风险的发生，金融机构会时刻监督资金的使用情况。科技金融运用激励机制和约束机制，最大化科技创新项目中的资本收益。科技金融对科技创新监督和激励方式主要有以下几种。

第一，专业的科技金融机构利用其专业性，为企业的内部结构进行有效率的优化，监督大小股东的投资行为，这样一来既减少了企业家的道德风险，又优化了企业的内部管理结构，也能够稳定企业的运营发展。

第二，专业金融机构能够准确掌握高新技术企业的信息，对企业的经营和科技创新活动进行有效的监督，对项目进行理性的评估，并采取有效措施防范风险的发生，从而促进企业科技创新活动的顺利进行。

第三，政府财政与科技部门在项目完成过程中，通过全程管理，监督创新项目的完成进度、完成质量及经费使用情况。

第四，银行等科技金融利用自身的优势，跟踪调查企业的运行情况，流动现金状况或者直接派遣人员驻扎企业，对科技企业的创新活动进行监督。

第五，资本市场可以对科技企业经理人进行激励，从而达到约束经理人行为的目的，主要方式是通过控制公司控股权、控制董事会等机制。

第六，风险投资者直接参与企业运营，利用其丰富的管理经验与社会网络，帮助企业制定发展策略与营销计划，并为客户、供应商等提供多种资源，辅助企业创新成功。

4.1.3　科技创新对产业结构升级的影响

将科技与经济进行深度融合的主要方式是科技创新，科技创新还可以优化产业结构，并促进经济结构转型升级。20 世纪以来，评价国家科技和经济实力的主要度量指标就是科技创新的水平和发展程度。

中国经济发展形势由高速增长转向高质量发展，为保证经济健康可持续发展，急需寻找新动能。大多数学者认为科技创新和产业结构升级可以作为经济持续健康发展的新动能，对于中国经济发展由要素驱动向创新驱动的实现有着重要的支撑作用。科技创新和产业结构升级已成为中国新发展格局下实现经济高质量发展的两大战略举措。创新驱动的关键在于科技创新，可持续发展核心在于产业结构升级。所以，在当前形势下非常有必要深入研究科技创新对产业结构升级的影响作用机理。已有学者针对科技创新与产业结构升级的关系进行了深入研究。例如，Leibenstein 发现，科技创新不仅对产业结构升级起推动作用，而且会重新配置生产要素。[160] Dosi（1998）认为，科技创新是一个动态发展过程：首先产生创新的思想，其次促进资源优化配置，对技术进行开发，最后对创新成果进行应用，并且发现科技创新通过促进产业链高级化，进而促进产业结构升级。Iammarino 认为，产业结构升级的关键因素是科技创新，因为科技创新可以为传统产业提供新动力。[161] 贾仓仓和陈绍友以中国 31 个省（直辖市、自治区）为研究对象，构建面板数据模型，研究科技创新与产业结构升级之间的关系。研究发现，科技创新对产业结构升级起显著影响作用，并且这种影响存在区域不均衡现象。[162] 赵晓男等基于供给和需求视角，构建 2SLS 模型，研究科技创新与产业结构升级的关系。研究发现，在供给侧科技创新对产业结构起显著的正向影响作用，但是在需求侧科技创新对产业结构升级的影响作用却不显著。[163] 周柯和王尹君以中国 30 个省（直辖市、自治区）为研究对象，构建面板门限模型，将环境规则设定为自变量、科技创新设定为门限变量、产业结构升级设定为因变量，研究发现，科技创新具有显著的门限效应，当科技创新超过门限值时，环境规制与科技创新的协同效应对产业结构起显著的正向影响作用。[164] 刘艺璇和贺建风应用面板数据模型，基于资本和劳动力视角，研究科技创新对产业结构升级的影响作用。研究发现，资本对产业结构升级起正向影响作用，劳动力对产业结构升级起负向影响作用，且这两种影响作用存在地域异质性，同时这种影响作用有较大的提升空间。[165] 陈堂和陈光（2020）以中国 30 个省市为研究对象，将科技创新分为地域、环境、资本和劳动力四个维度，将产业结构升级分为高级化和合理化两个过程，应用 MATLAB 软件，研究科技创新与产业结构升级之间的关系。研究发现，科技创新对产业结构升级的影响作用具有空间溢出效应，即科技创新不仅对本地区的产业结构起正向影响作用，而且对邻近地区的产业结构升级起正向影响作用。[166]

1. 科技创新在不同阶段对产业结构升级的影响

已有研究将科技创新分为三个阶段：技术开发阶段、技术传播阶段和技术广泛应用阶段，科技创新对产业结构升级的影响会受到科技创新所在阶段的影响。下面将具体分析在不同阶段的科技创新对产业结构升级的影响。

阶段一：技术开发阶段。科技创新需要多个机构进行交流合作，第一阶段主要包括大量的基础性工作和探索性工作，第一阶段主要有预期收益较低、随机因素大、开发时间较长等不足，这些不足和局限性导致很多企业的参与度和积极性均较低，因为企业都有逐利的性质，创新能力也是企业的弱项，大部分的创新资源均集中在科研机构和高等院校，政府财政补贴是科研机构和高等院校的主要资金来源，但是第一阶段需要大量资金，政府财政补贴难以满足技术开发的需要。科技创新促成了科技企业和高等院校及科研机构的合作，促使校企联合研发新技术、新产品，这样既增强了科技企业科技创新能力，增加科研成果储备，同时也拓宽了高等院校和科研机构的经费来源。产业结构升级最重要的动力就是科技创新，科技创新能力的提高促使科技企业生产更多技术密集型和知识密集型产品，促进整个产业结构优化升级。

阶段二：技术传播阶段。在技术传播阶段，将科研成果由实验室转向生产线，激励更多成果走向市场。科技创新的形式主要有三种。一是科研主体与科技企业之间进行产学研合作，二是不同的科技企业之间进行技术转让和技术引进，三是技术在不同主体间进行转移。产业结构升级的关键是科技成果是否能成功走向市场，新兴技术产业化的关键是科技成果转化，科技创新促使科研成果由科研机构和高等院校转移到企业，促使新企业的诞生，拓展新领域，将产业结构由低端升级优化到高端，促进产业结构升级。

阶段三：技术广泛应用阶段。在技术广泛应用阶段，为了将产品进行大规模生产，由科研成果转化而来的新技术、新工艺要经过技术受体的二次开发和二次整合，在技术受体对新技术、新工艺整合和开发的过程中，不断吸收新的价值，形成新产品，大规模生产同样的高技术产品，可以促进产业结构优化升级。

2. 科技创新对产业结构升级影响机制和路径

为了促进科技创新发展，中国政府颁布了一系列政策，并采取了一系列措施，将科技创新作为加快产业结构升级和经济转型升级的重大战略。全世界都在加快科技创新，将科研成果由实验室推向市场，实现科研成果的市场化和产业化，现在正处于产业结构升级的关键时刻，将科技创新与产业结构升级联系起来，可以激发产业活力，进一步推动产业结构升级。科技创新对产业结构升级的影响路径如图 4-3 所示。

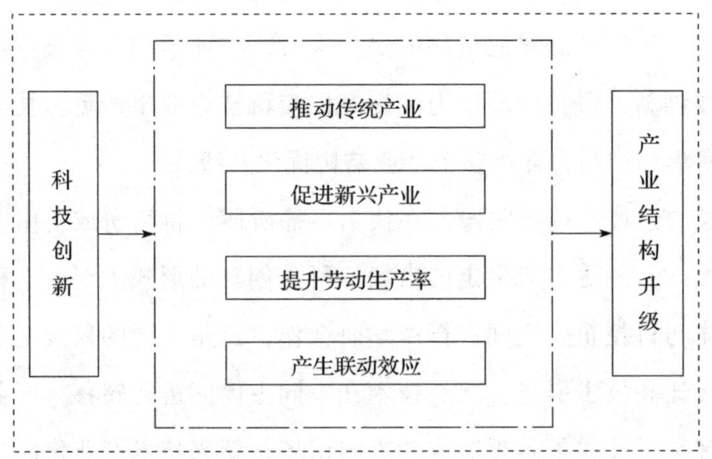

图 4-3　科技创新对产业结构升级的影响路径

（1）科技创新推动传统产业结构升级。

当不同产业间存在技术差距时，落后的技术将阻碍新兴产业的发展，成为新兴产业发展的桎梏，落后产业为了避免被市场淘汰，会努力寻找新的发展方向，并在市场的压力下迫使其提升自身的创新能力。例如，在工业领域，由中国制造升级为中国智造；在服务业领域，利用科技创新丰富产品数量和质量，打造更具个性化且满足高端人群的产品，推动产业链由低端向高端转化。传统落后的产业依靠科技创新研发出新技术、新产品，提高劳动生产率，使传统产业转向高技术产业，使传统产业在激烈的市场竞争中获得一席之地，补齐经济短板，振兴传统产业。总之，科技创新可以解决传统落后产业的技术难题，促使产业结构由不合理变得合理，增强传统产业的核心优势，进而促进整个产业结构的优化升级。

（2）科技创新促进新兴产业的出现和发展。

为了促进经济高质量发展，科技创新通过三种方式促进产业结构升级：一是对传统产业结构进行改造升级，二是促进高新技术等新兴企业的发展，三是丰富产品种类和类型。科技创新的发展可以促进新兴产业的产生和发展，并且高技术产业不仅可以解决已有的问题，还可以增强国家的竞争力，促进社会快速发展。

（3）科技创新可以提升劳动生产率。

按照 Romer 的内生增长模型，科技创新带来的技术进步能够提高人均产出水平，提高劳动生产率，引发生产要素聚集与流动，带来产业的兴衰变化。Philip 和 Andrew（1990）构建技术变革与循环模型，研究发现科技创新对产业结构升级起正向影响作用。

（4）科技创新对产业链产生联动效应。

科技创新可以通过改进工艺、创新产品，满足消费者潜在需求，促进产业调整与发展。科技创新能够带来技术与应用领域的全新变革，产业链的上下游关联会使得科技创新带来的技术变革、中间品创新辐射影响关联产业，促进关联产业改变生产模式、更新生产技术、调整生产成本等，同时科技创新的集群与扩散效应还会引起行业内其他企业的仿效创新，带来规模发展。

关于科技创新对产业结构升级的驱动效应，得到了理论研究的印证与发达国家大量经验证据的支持，如渠海雷和邓琪研究发现，科技创新通过引起产业关联变动，对产业结构升级起显著影响作用。[167] Michael（2003）以经济合作与发展组织国家为研究对象，研究发现科技创新对需求结构起优化作用，并对关联产业起显著影响作用。

4.1.4 科技创新在科技金融与产业结构升级之间的中介作用

从 20 世纪开始，许多新的理论研究都证明了科技创新能力越强，产业结构会变得越高级，也越合理。科技创新对产业结构升级起重要的影响作用，科技创新对产业规模经济效益的提升具有促进作用，产业结构的优化与升级也必须依靠科技创新来实现。不同的科技创新催生出不同的全要素生产率，随着要素在不同产业间的自由流动，产业结构也在不断调整。

高技术产业最主要的特点就是集中了大部分的科技创新成果，但是高技术产业通常面临信息不对称、风险较高和投入较高等带来的资金短缺问题，这些问题将严重影响中国科技创新的发展。同时，科技创新在不同阶段呈现不同特征，需要资金的特征也不同，对资金的数量、形式、性质和时间均有要求，传统金融模式由于手段单一、成本高、限制多，因此传统金融难以符合科技创新的融资需求，科技金融具有多样的金融手段和融资方式，因此科技金融可以满足科技创新的需求。培育和发展任何产业都离不开金融和创新两个要素，科技金融为具有战略性的新兴产业和高技术产业提供融资服务，由此来促进科技企业进行科技创新。科技金融对科技创新起影响作用的方式多种多样，如上市融资、政府资助和科技贷款等，科技金融的融资模式保障了科技创新的顺利进行，实现科技成果的规模化生产，对传统产业进行更新和改革，促使新兴产业的诞生。科技金融运用资本形成机制在资金层面对科研活动进行支持，促进中国科技创新发展水平的提升。科技金融通过将闲散资金聚集起来的方式，为科技创新的顺利进行提供资金支持，科技创新水平可以有效提高企业的生产效率和企业科技创新能力，科技创新水平的提高也为社会带来了先进的技术，使产业结构更加合理，促进经济高质量发展。

King 和 Levine 研究技术创新、科技金融与产业结构升级的关系，将科技金融的功能总结为信息处理、资源配置和降低风险等，发现科技金融的这些功能可以提高生产效率、优化配置资源，进而优化产业结构升级。[1] 李健和马亚（2014）发现，科技金融是科技与金融的深度融合，科技金融可以促进科技创新和产业结构升级。[168] 易信和刘凤良基于经典熊彼特内生增长模型，研究金融、创新与产业结构升级三者之间的关系，将创新分为水平效应与结构效应。研究发现，金融对创新的水平效应与结构效应均起到正向影响作用，创新的水平效应与结构效应均对产业结构升级起显著正向影响作用，建议在产业结构升级过程中要重视金融体系建设的重要性。[136] 于斌斌以中国 285 个地级市为研究对象，构建空间动态面板数据模型，研究发现，金融对产业结构升级的影响在东、中、西部表现不同，金融对产业结构升级的影响在东、中部显著，在西部并不显著；金融对产业结构升级的影响与城市的规模有关，在大城市有正向的显著影响，在小城市有显著的负向影响。[169]谢婷婷和赵莺构建贝叶斯（Bayes）分位数回归模型，研究金融、科技创新与产业结构升级三者之间的关系。研究发现，金融和科技创新二者均对产业结构升级起显著正向影响作用，但二者对产业结构升级的影响程度不同，金融对产业结构升级的影响程度大于科技创新对产业结构升级的影响程度，并且发现科技创新与产业结构升级之间并不是简单的线性关系，二者之间存在“上升—下降—上升”的非线性关系。[170]李瑞晶等以中小板、创业板 127 家上市公司为研究对象，构建动态面板系统广义矩估计模型，将科技金融分为财政科技支出、风险资本投资、银行贷款和资本市场四个维度，研究发现，前两个维度对科技创新起显著的正向影响作用，后两个维度对科技创新的影响作用并不显著，并且这种影响作用具有区域异质性。[171]张芷若和谷国锋以中国 30 个省市为研究对象，构建空间计量模型，研究发现中国科技金融和科技创新的耦合协调度具有显著的区域异质性。[172]

科技金融主要通过产业与科技创新的耦合协调，发挥创新在科技金融与产业结构升级之间的纽带作用，形成要素组合的新优势，实现产业结构转型升级。科技金融通过科技创新驱动产业结构升级，路径主要包括学习效应、扩散效应和协同效应。

第一，学习效应。良好的创新环境是科技创新发展的必备条件，在良好的创新环境里，传统企业可以向高技术企业学习和借鉴，学习科技创新企业的经营、管理和生产模式，传统企业的生产模式由低端转向中高端。Lahorgue 等以巴西为例，发现学习效应是科技金融通过科技创新影响产业结构升级的路径。[173]

第二，扩散效应。何德旭和姚战琪认为，科技创新具有扩散效应，且该扩散效应决定了产业结构变迁的方向，科技创新可以提升要素使用效率，将要素由低效率企业转向高效率企业，科技创新也可以提升企业生产效率，延伸高技术企业要素需求空间，科技创新对产业结构升级起巨大的推动作用。[174]

第三，协同效应。创新投入的增加有助于投资者进一步开拓市场，不同企业共享生产要素和产品市场能够发挥产业结构转型升级的协同效应。已有研究表明，科技与金融结合能够促进产业结构转型升级。

同时，科技金融可以提升资源配置效率，进而提升科技创新发展水平。在科技创新发展过程中所需资金和增值服务，均可由科技金融提供支持，科技创新的发展促进了技术研发，进而提升产品的技术含量，有助于将创新性项目由理论转向实际、由实验室转向市场，促使创新产品大规模生产。总之，科技与金融二者之间存在相互依赖、相互结合的关系，但终极目的是将科技金融服务的作用完全释放出来，以此推动科技成果市场化，促使新兴产业诞生，培育先进技术产业，促进产业结构升级。

4.2 理论模型

根据前面内容的理论分析和文献参考，表明科技创新是中国提高社会生产力和增强综合国力的战略支撑，是优化产业结构升级的源泉，要想将科技和金融进行深度结合，对金融市场链条与科技创新链条的融合要尤其重视，以此促进产业结构升级。张银银和邓玲将科技创新对产业结构升级的驱动过程分为前、中、后三阶段，基于不同阶段，进行相应的机理分析，研究发现，在传统产业向新兴产业转变过程中，科技创新发挥了重要驱动作用。[175]

科技创新优化产业结构升级的路径：促使新兴产业的诞生—研究和开发新技术和新产品—开辟新的产业价值链。与此同时，科技创新可以重新配置生产要素，提高资源的利用效率，降低原材料的投入和消耗，提升科技创新全要素生产率。科技创新成果具有共享性，即科技创新成果从一个企业转移到另一个企业，从一个国家转移到另一个国家，不需要消耗额外的成本。同时，科技创新成果平均创新成本与使用次数呈显著负相关关系，即科技创新成果使用次数较少，平均创新成本较高；反之，科技创新成果使用次数较高，平均创新成本较低，促使科技创新形成空间集聚效应，对全社会的技术进步具有推动作用。

科技金融可以看作一种制度、一种工具或者一种安排，科技金融主要的功能和作用是促进高技术产业发展、助推科技创新成果的开发和转化，为科技创新提供资金支持。科技企业在初始阶段具有风险较高但收益也较高、增长速度快、发展前景好、需要投入较多等特点，科技金融对企业的长远发展和长远价值更加看重。科技金融的影响机制是，科技金融自身具有完备的风控系统和金融体系，因而科技金融具有金融聚集功能和作用，科技创新所需的大量资金均可由科技金融提供，同时凭借科技金融的高流动性，降低科技创新面临的高风险，随时可以将投资的投资组合和资产进行变现，有助于科技金融发挥更大的融资功能。科技金融具有筛选和审查的功能，经过筛选和审查，科技金融向具有较大发展前景的科技创新项目进行投资，投资后还要对创新项目进行严格监督。资金的供求关系是一个桥梁，将科技创新和科技金融紧密地联系到一起，二者相互融合、协调发展，促进政府、科技金融机构、中介机构和科技企业等多个主体之间螺旋式发展，对优化中国产业结构升级具有巨大的推动作用。

针对科技创新的正外部性和非排他性特点，对于种子期和初创期的企业创新，一般由政府进行资金支持，采用的方式有以下两个，一是增加对科技创新的财政支持，二是将公共科技金融政策向科技创新倾斜，以此促进科技创新发展水平。而市场科技金融主体通过采取事前考核和过程监督等方式，向具有较高经济价值的创新项目进行投资，提升创新成果的市场化，将创新成果大规模生产，来获得巨额利润。同时，创新成果的市场化和产业化可以聚集更多资金，扩大科技金融规模、促进科技创新产出，形成科技金融和科技创新的良性发展。反之，如果科技金融对科技创新活动的支持不够的话，将导致科技成果无法产业化、市场化，阻碍科技创新的发展，从而也抑制了科技金融投资的积极性，最终抑制产业结构升级。

通过前面对科技金融、科技创新与产业结构升级相关文献的分析，说明科技金融为科技创新活动的顺利开展提供了资金支持和保障，科技创新是促进产业结构升级的动力与核心引擎。因此，科技金融既可以直接促进产业结构升级，也可以借助科技创新，通过“科技金融—科技创新—产业结构升级”的传导路径发挥科技创新的中介效应。本书认为科技金融与产业结构升级、科技金融与科技创新存在单向作用机制，并且科技金融通过科技创新这一路径对产业结构升级产生影响。本书将科技金融分为公共科技金融和市场科技金融两个维度，提出了包括科技金融、科技创新及产业结构升级的理论模型，具体的传导机制如图 4-4 所示。

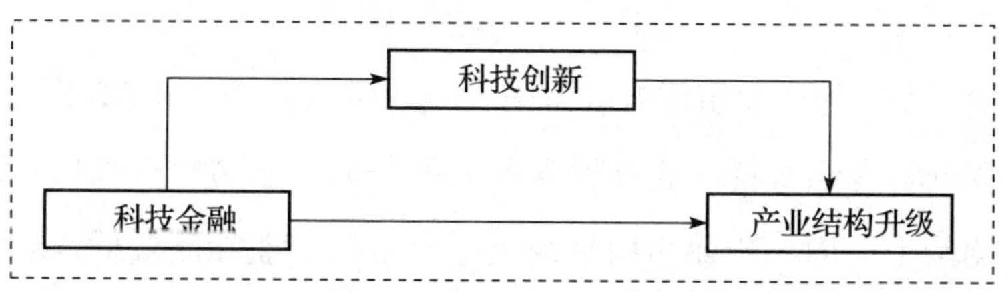

图 4-4 科技金融、科技创新与产业结构升级理论关系

4.3 变量设计

根据前面内容的理论分析，本书将产业结构升级水平作为因变量、科技金融作为自变量、科技创新作为中介变量，设计产业结构升级、科技金融与科技创新的指标度量体系。

4.3.1 因变量设计

由前面的理论分析可知，本书研究的因变量是产业结构优化升级水平。产业结构升级是指国家经济增长模式发生转变，以前的经济增长模式属于劳动密集型，现在逐渐转向技术密集型和知识密集型，产业结构升级会显著提升生产效率。当前，学术界对产业结构调整中升级和优化的定义和测度标准存在差异。蓝庆新和陈超凡[176]、汪伟等[177]、邹建国和李明贤[138]、贾洪文等[178]认为，产业结构升级就是第一产业占 GDP 的比值不断下降、第三产业不断上升的过程，产业结构升级反映的是产业的提质增效能力的提高，因此运用产业结构升级系数法来度量产业结构升级水平，将第一、二、三产业均包含在内构建产业结构升级指数，其度量方法如式（4-1）所示。

$$UIS=\sum_{k=1}^{3}Y_k\times k,\quad k=1,2,3 \tag{4-1}$$

其中，UIS 为产业结构升级水平，Y_k 为第 k 产业占 GDP 比值。

大部分学者经常将产业结构升级水平分为产业结构高级化和产业结构合理化两个方面。产业结构高级化主要是指产业耗能较低，环境保护做得更好，具有较高的市场潜力，产品中技术含量较高，具备深加工能力且可持续、有序、协调发展的产业及其部门，这些产业及其附属部门在整个产业链中占有更高的比重，指各要素的有效利用，反映出生产效率的提升，产业结构由低水平向高水平结构转化的过程。部分学者根据克拉克定律，采用非农业产值比重来衡量产业结构高级化水平，但是在信息化时代下，非农产值比重已经不能很好地反映三大产业结构的演进过程，大部分已有文献将第二产业和第三产业产值之和与国内生产总值的比值度量产业结构高级化。部分研究基于配第－克拉克定理，使用产业间结构比例变化指标，如第二、三产业增加值之和与 GDP 的比值，第三产业产值除以第二产业产值的比值作为产业结构高级化度量指标，然而这类指标主要衡量产业结构转型过程中的资源要素从生产率较低部门向生产率较高部门不断转移的结构升级过程。

从效率和质量两个角度来解释产业结构的高级化水平，不仅对产业结构高级化的效率进行了度量，以反映经济结构“科技化”程度不断加深的过程，还对产业结构高级化的质量进行了测度，以反映三大产业之间比例关系的演进和劳动生产率的提高。采用第三产业增加值与第二产业增加值的比重来度量产业结构高度化的效率，该指数反映了三大产业中占优势地位产业的演进过程，式中产业结构高级化的效率值越大表明产业结构越趋于高级化。

干春晖等[179]认为，产业结构高级化是产业结构升级的一种表现方式，产业结构高级化度量了经济结构的服务化倾向程度，干春晖等用第三产业产值与第二产业产值之比衡量，即

$$TS = Y_3/Y_2 \tag{4-2}$$

其中，TS 表示产业结构高级化，Y_3 与 Y_2 分别表示第三产业产值和第二产业产值。

陈亚男和包慧娜用产业高级化来衡量产业结构的升级，产业高级化

是指国民经济中的产业重心由低级向高级的转化，既优化了产业结构又促进了产业效率的提高。[137]随着经济的发展，产业一般是从劳动密集型产业向资本密集型转化，高新技术产业逐渐增多。因此，本书用各地区第二产业和第三产业生产总值之和与GDP的比值来表示产业结构高级化，用来衡量产业结构的升级。李峰等[180]认为，将生产过程中的各种要素进行有效利用，提升生产效率，就是产业结构高级化，李峰等选取第二产业增加值加上第三产业增加值与国内生产总值的比值对产业结构高级化进行度量，即

$$TS = \left(Y_3 + Y_2\right)/GDP \tag{4-3}$$

姜帅和龙静使用产业结构高级化指数度量产业结构优化升级水平，具体包括产业结构的“量”和“质”两个维度的高级化指数。[152]产业结构的量用产业规模比例的相对变化来度量，表示农业、工业、服务业在数量层面的转变过程，其度量指标计算与式（4-1）相同。

用产业之间的比例关系与各产业劳动生产率的乘积加权值来表示产业结构高级化的质量。该指数反映出经济体中份额占比越大的产业劳动生产率越高，则产业结构越趋于高级化。刘姝璠等[181]指出，如果产业的技术化程度较高、加工程度较深、有较高的附加价值、集约程度较高等，则认为产业结构进入高级化阶段。产业结构升级的表现形式是劳动生产率较高、产业比例结构由第一产业向第二产业推进、第二产业向第三产业推进。产业的结构以三大产业间的规模占比为权重的各自劳动生产率加权平均值度量，表示地区劳动生产率较高产业占比的变化关系。以上两个衡量指标具体计算过程如下。

$$TS = \sum_{k=1}^{3} y_{ikt} \times lpr_{ikt}, \quad k = 1,2,3 \tag{4-4}$$

其中，y_{ikt} 表示 i 地区 k 产业在 t 年度的产值占地区总产值的比重，lpr_{ikt} 表示 i 地区 k 产业在 t 年度的劳动生产率，具体用 i 地区 k 产业在 t 年度的产值增加值与就业人数的比值来度量。

陈堂和陈光[166]认为，产业结构合理化主要度量生产要素之间的协同度，运用改进的 Theil 指数度量产业结构合理化，传统的 Theil 指数在 0 ～ 1，且 Theil 指数与产业结构的合理化呈负相关关系，即 Theil 指数越小则产业结构越合理，Theil 指数越大则产业结构越不合理，Theil 指数表示如下。

$$\text{Theil} = \frac{1}{3}\sum_{i=1}^{3}\frac{G_i}{G}\log\left(\frac{L_i/L}{G_i/G}\right) \tag{4-5}$$

其中，G_i 为第 i 个产业的产值；G 为国内生产总值；L_i 为第 i 个产业的就业人数，L 为总就业人数。

李峰等运用改进的 Theil 指数作为产业结构合理化的度量指标，产业结构合理化 = $1-\text{Theil}$，运用熵权法将产业结构高级化和产业结构合理化综合为一个度量指标，作为产业结构升级的度量指标。[180]

冯永琦和邱晶晶[182]从产业结构高级化和产业结构合理化两个角度进行度量，从效率和质量两个角度来解释产业结构的高级化水平，产业结构高级化的效率由式（4-2）度量，结构高级化的质量由式（4-3）度量，产业结构合理化由下式所示。

$$\text{RAT} = -\sum_{m=1}^{3}\left(Y_{imt}/Y_{it}\right)\left|\left(Y_{imt}/Y_{it}\right)/\left(L_{imt}/L_{it}\right)-1\right| \tag{4-6}$$

产业结构合理化是衡量产业结构优化程度的另一个视角，产业结构合理化指的是产业间聚合质量的提高，包括产业间协调程度和资源有效利用程度两个方面。它体现的是产业之间的聚合质量，是对生产要素的投入与产出结构耦合程度的衡量，能够反映出资源在产业之间的有效利用程度及产业各部门之间的协调程度。产业结构合理化反映各个生产要素之间的协调度。

为判断现在产业结构与标准产业结构之间的差距，指明产业结构的调整方向，可以采用Hamming贴近度来衡量产业结构合理化。但这种方法需要对产业结构进行模糊化处理，无法精确反映当前中国产业结构的发展现状，将会降低数据结果说服力。另外有学者基于资源配置理论，关注要素资源在产业间的配置、协调和利用效率，用产业结构偏离度来衡量产业结构合理化。本书在产业结构偏离度的基础上，采用测度产业结构合理化的新指标，该指标既兼顾产业结构偏离度优点又反映产业重要程度。该指标的数值越小，表示产业结构越偏离均衡状态，产业结构越不合理；数值越大，表示产业结构越合理。

孙晓华等（2017）、华坚等（2021）认为，运用要素投入结构和产出结构之间的耦合程度对产业结构合理化进行度量，构建衡量产业结构合理化的公式如下。

$$TL = \sum_{i=1}^{n} \left| \frac{Y_i/Y}{L_i/L} - 1 \right| \tag{4-7}$$

其中，TL为产业结构偏离度；Y为国内生产总值；L为就业人数；i为第i产业；n为产业部门数。

TL与产业结构合理程度之间呈相反关系，当TL越大，表明产业结构偏离程度越大，产业结构越不合理；当TL越小，表明产业结构偏离程度越小，产业结构越合理。当TL＝0时，表明经济处于理想的均衡状态，产业结构处于最合理的状态；当TL≠0时，表明经济处于非均衡状态，产业结构处于不合理状态。

现有文献对产业结构调整中升级和优化的定义和测度存在混淆。部分研究基于配第－克拉克定理，使用产业间结构比例变化指标，如第二、三产业增加值之和与GDP的比值，以及第三产业增加值与第二产业的增加值的比值衡量产业结构优化，然而这类指标主要衡量产业结构转型过程中的资源要素从生产率较低部门向生产率较高部门不断转移的结构升级过程。

本书认为，将地区产业结构的优化升级简单地看作三大产业之间比例的变动，未将技术因素融合进来，这种度量方式不能全面高效地度量产业结构升级。科技和金融结合注重引导科技和金融市场的对接，通过充分利用多元化的金融资源来支撑科技创新活动，以实现新兴产业的蓬勃发展，为中国各地区的产业结构升级注入新的活力。因此，本书将通过产业结构高级化和产业结构合理化两个维度的三个指标来分析中国各地区产业结构升级。本书基于质量和效率两个角度来度量产业结构高级化，以此反映科技金融政策在产业结构从低水平状态向高水平状态发展过程中发挥的作用。具体而言，由于科技金融政策以高新技术制造业及高新技术服务业作为重点扶持对象，因此该政策能够带动政策试点地区优势产业从第一产业向第二产业、第三产业顺次演进，以此提高当地产业结构高级化效率。李睿将产业结构升级分为产业结构合理化和产业结构高级化，运用资源积累效率和泰尔指数度量产业结构合理化，运用高新技术产业增长指数、夕阳产业淘汰指数、生产耗能度和工业加工度度量产业结构高级化，利用探索性因子分析将6个指标降为1个指标，作为产业结构升级因子。[183] 产业结构优化升级指标体系如表4-1所示。

表 4-1　产业结构优化升级指标体系

维度	指标	计算公式
产业结构合理化	资源积累效率	（固定资产投资额 + 存货）/GDP
	泰尔指数	第一产业占 GDP 的比值 ×ln（第一产业占 GDP 的比值 / 第一产业劳动力占就业人数的比值）+ 第二产业占 GDP 的比值 ×ln（第二产业占 GDP 的比值 / 第二产业劳动力占就业人数的比值）+ 第三产业占 GDP 的比值 ×ln（第三产业占 GDP 的比值 / 第三产业劳动力占就业人数的比值）
产业结构高级化	高新技术产业增长指数	高新技术产业增加值同比增长率

4.3.2　自变量设计

国内外学者对科技金融的研究不断深入，与科技金融的测量指标和方法相关的文献也不断增多，但是对科技金融指标的度量指标和方法缺乏统一的评价标准。李颖等用科技研发投入、科技机构获得的技术、FDI（国际直接投资）获得的技术和直接从国外购买的技术作为科技创新的度量指标。[184] 曹颢等将科技金融度量指标界定为科技金融发展指数，并分为资源、经费、产出和贷款四部分，其中第一部分主要包括人员和机构等度量指标，第二部分主要包括财政支出、经费支出和 GDP 等经济变量指标，第三部分包括专利、论文和产品等度量指标，第四部分包括贷款等经济指标。[185] 徐玉莲和王宏起将财政科技投入、科技资本市场、创业风险投资和银行科技贷款作为科技金融度量指标，其中第一部分选择政府财政科技支出作为度量指标，第二部分选择科技型上市公司数量和市值作为度量指标，第三部分采用风险投资资本和机构数量作为度量指标，第四部分将金融机构科技贷款额作为度量指标。[83] 许汝俊等将科技金融分为投入和产出两部分，其中投入分为金融支持效率和规模、政府支持利率、经费投入四个度量指标；产出分为专利和技术市场交易情况两个度量指标，运用 DEA-Malmquist 指数模型度量科技金融效率。[16] 芦锋和韩尚容基于公共和市场视角，度量科技金融，在公共层面，采用政府财政科技支出 / 政府财政支出度量公共科技金融；在市场层面，采用科技型上市公司的数量 / 所有的科技型公司数量和风险投资机构数量来度量市场科技金融。[89] 徐玉莲等[186]、杜江等[187] 将科技金融度量指标分为科技信贷额、科技信贷额 /GDP、风险机构投资总额、风险投资机构数量、科技型上市公司数和市值等指标来度量科技金融，运用熵权法将六个指标综合为一个指标，并用该指标度量科技金融。陈亚男和包慧娜将科技金融分为资源、经费和产出三个部分，其中资源由人员和机构进行度量；经费由政府财政科技支出和研发经费投入强度等进行度量；产出由专利和技术市场成交额等进行度量，并运用算术平均法将以上指标综合为一个指标度量科技金融。[137] 郑磊和张伟科将科技金融用科技信贷 /GDP、科技信贷额、风险投资机构数量、风险机构投资总额、科技型上市公司数和市值等指标进行度量，用熵权法将以上指标综合为一个指标，作为科技金融的度量指标。[98] 邹建国和李明贤将科技金融分为资源、经费、产出和贷款四部分，其中第一部分包括人力和机构等资源，第二部分包括政府财政科技支持、研发经费和科技经费等，第三部分包括技术市场成交率、论文、专利和出口等，第四部分包括金融机构科技贷款等。[138] 张紫璇和赵丽萍将科技金融分为资源、经费和产出，其中资源由与科技有关的人力资源度量，经费由研发经费、科技经费和政府财政支出度量，产出由专利和技术市场成交额度量。[14] 揭红兰将科技金融分为公共和市场两部分，其中公共科技金融由政府财政在科技方面的支出进行度量；市场金融由金融机构科技贷款、企业科研经费投入和科技资本市场投入三个指标进行度量，选取赋权法进行指标赋权，将以上指标综合为一个指标。[188]刘姝璠等将科技金融分为政府财政支出、金融机构科技贷款、科研经费投入和科技资本市场投入四个度量指标，运用熵权法确定指标权重，将四个指标综合为一个指标，熵权法的基本思想是信息熵的值越大，代表该指标波动幅度越大，其包含的信息越多，给予其更大的权重，相反则给予其较小的权重。[181]华坚等（2021）将科技金融分为资源、经费、贷款和产出四个部分，其中第一个部分主要包括人口和机构等资源；第二个部分包括政府在科技方面的财政支出、研发和科技经费等；第三部分包括金融机构科技贷款；第四部分包括技术市场成交额和专利数量等，并认为熵权法属于客观赋权法，规避了主观赋权法的主观性，运用熵权法将以上指标综合为一个指标。[189]杨嫩晓和安则同将科技金融分为公共科技金融和市场科技金融，并用与科技相关的财政支出、高技术产业利税等指标进行度量，用科技企业资本市场融资额和投资回报率、风险投资额和回报率、银行科技信贷利润率进行度量。[128]

根据前面的理论分析和已有文献，本书将科技金融分为公共科技金融和市场科技金融。科技金融体系主要包括企业、中介机构和政府等科技金融主体，科技金融体系的主要作用是将科技创新的产出成果推向市场，并进行大规模生产获取高额利润，如表 4-2 所示。

表 4-2　科技金融评价指标

一级指标	二级指标	指标方向
公共科技金融	地方财政科技支出	正向
	地方财政科技支出 / 地方财政总支出	正向
	高技术产业利税总额	正向
市场科技金融	企业科研经费投入	正向
	企业 R&D 经费投入 / 企业主营业务收入	正向

1. 公共科技金融

政府主要通过两种方式对科技创新活动进行支持：第一种方式，中国各级政府及相关部门对科学研究和技术开发等基础性研究进行拨款，增加在科技方面的财政支出；第二种方式，地方政府对重视科技创新的企业提供财政补贴，提供贷款担保和税收优惠。本书选取地方财政科技支出、地方财政科技支出与地方财政总支出的比值、高技术产业利税总额作为公共科技金融的度量指标。

2. 市场科技金融

市场科技金融主要包括科技保险、风险资本投资、金融机构科技贷款和科技资本市场等，市场科技金融对科技创新进行支持的资金主要来自资本市场、风险投资机构和银行等金融机构。本书以企业科研经费投入、企业 R&D 经费投入与企业主营业务收入的比值作为市场科技金融的度量指标。

4.3.3　中介变量设计

科技创新是一个无形指标，缺乏直接的经济评价指标，部分学者采用专利授权数代替。例如，Eckhardt[190]、Wang[191]、徐玉莲和王宏起[83]认为，由于专利比较接近创新的商业应用，以及专利数据能比较全面地反映国家（地区）的发明和创新信息，故专利是衡量国家（地区）科技创新能力的常用指标。因此，将科技创新的衡量指标界定为专利数量。芦锋和韩尚容在研究科技金融与科技创新的关系时，发现科技金融对科技创新起影响作用的路径和机制与科技发展所处的阶段有密切关系，因此，在科技创新初始阶段，选择中国国内授权专利数量度量科技创新；在科技创新中间阶段，选择新产品收入比、技术市场成交额度量科技创新；在科技创新最后阶段，选择内资企业收入来度量科技创新。[89] 徐玉莲等[186]、宋跃刚等[192]、杜江等[187]、郑磊和张伟科[98]将科技创新分为投入、产出、扩散和环境四个部分，其中第一部分用投入的人员和经费等进行度量，第二部分用专利、产品、论文和专著等进行度量，第三部分用高技术产品出口额和技术市场成交额度量，第四部分用与教育相关的指标进行度量。宋纪宁等[193]、张紫璇和赵丽萍认为，在国际上，拥有知识产权技术的关键度量指标是专利，因此运用专利作为技术创新的度量指标。[14] 王慧艳等[194]、贾洪文等[195]将科技创新分为投入、产出和环境三个部分，其中第一部分用人员和经费的投入作为度量指标；第二部分用专利数、技术市场成交额等作为度量指标；第三部分用科研机构、高校等与教育有关的变量，以及基础设施等指标进行度量。揭红兰（2020）、李峰等（2021）将科技创新分为技术研发、成果应用和技术推广三个阶段，与芦锋和韩尚容（2015）的观点相同，在科技创新的不同阶段选择不同的衡量变量，在第一阶段，采用专利授权数 / 规模以上工业企业研发人员全时当量；在第二阶段，采用新产品的销售收入 /GDP；在第三阶段，技术市场成交额 / GDP；最终，选择熵权法将三个阶段度量指标求加权平均和。叶祥松和刘敬[196]、姜帅和龙静[152]将科技创新分为科学研究、技术开发两部分，其中科学研究用基础研究和应用研究支出 /GDP 进行度量；技术开发用实验发展支出 /GDP 度量。杨嫩晓和安则同按照科技创新水平，将科技创新分为知识创新、技术创新和产业化水平三个部分，其中知识创新用科研机构、人员、论文和专著进行度量，技术创新用经费、专利等进行度量，产业化水平用高技术产业产值、新产品销售收入等进行度量。[128]

科技创新包括研发过程、成果转化过程、技术扩散过程，所以单一指标无法对科技创新的发展水平进行客观准确的衡量。本书为了能够全面评价各省（直辖市、自治区）科技创新能力，同时考虑到数据的可获得性和准确性，参考以上文献和前面内容的理论分析，采取多数学者的做法，并根据现实相关数据的可获得性，选取适合本书实证部分且能够测算的中国及各区域科技创新指标体系。本书选取的一级指标为投入、产出、扩散和环境，从这四个方面衡量科技创新。具体指标划分如下：一是科技创新投入。科技创新投入主要包括资本、人力和技术等，本书选取专利申请受理数、科技人力和科研经费投入指标来衡量科技创新投入。二是科技创新产出。科技创新产出主要包括技术产出和产品产出两个方面，本书选取专利、万人技术市场成交额和新产品等指标来衡量科技创新产出。三是科技创新扩散。科技创新扩散通常是指新产品、新工艺的产生及其市场化的过程。本书选取高技术产业产值、技术市场成交额 /GDP、技术市场成交额 / 研发经费投入等指标来衡量科技创新扩散。四是科技创新环境。科技创新环境通常是指影响创新的各种外部因素的总和，主要包括国家对创新行为的经费投入力度及社会对创新行为的态度等。本书从每 10 万人高等教育平均在校生人数和人均 GDP 等来衡量科技创新环境，如表 4-3 所示。

表 4-3　科技创新指标体系

一级指标	二级指标	指标方向
创新投入	专利申请受理数	正向
	R&D 经费内部支出 /GDP	正向
	人均 R&D 经费内部支出 /（元 / 人）	正向
	R&D 人员全时当量 /（年 / 人）	正向
	R&D 经费投入强度	正向

续表

一级指标	二级指标	指标方向
创新产出	专利申请授权数 / 研发人力投入	正向
	万人技术市场成交额 /（元 / 万人）	正向
	新产品销售收入 / 主营业务收入	正向
	高技术产业产值 / 工业总产值	正向
	新产品的销售收入 /GDP	正向
创新扩散	高技术产业产值	正向
	技术市场成交额 /GDP	正向
	技术市场成交额 / 研发经费投入	正向
创新环境	每 10 万人高等教育平均在校生人数	正向
	人均 GDP	正向

4.3.4 控制变量设计

通过对影响产业结构升级因素相关文献进行深入研究，发现除了科技金融、科技创新以外，其他变量也对产业结构升级起显著影响作用，为了提高模型整体的拟合度，使实证结果更加准确，本书选取了投资规模、人力资本、地区经济发展水平和外商直接投资等经济变量作为控制变量。四个控制变量具体含义如下。

（1）投资规模。

在一定程度上，投资规模可以反映地方政府提升人民群众生活水平的能力，地区经济高质量发展的能力，企业的投资规模和企业的运营水平、能力呈正相关关系，具有较高规模的企业更看重企业的长远发展，因此这类企业经常投资于目前发展一般但是潜力巨大的项目，这样对所处产业链的整体生产水平具有提升作用，并带动关联产业的投资，也可以从被投资企业或项目中获取先进的管理经验和技术经验，并将这种经验应用到本企业中，从而促进产业结构升级。本书采用全社会固定资产投资与地区年末总人口数的比值作为该投资规模的代理指标。

（2）人力资本。

劳动力经过培训、教育和学习等活动获得技术、技能、知识等能力，人力资本可以为社会创造巨大的经济价值，提升创新效率，提升管理效率，从而促进产业结构升级。已有文献对人力资本的度量主要有三种形式：一是普通高校生师比，普通高等院校学生与教师的比值。二是人均受教育年限。计算公式为，将小学、初中、高中、大专及以上在校学生人数分别乘以对应的受教育年限，并将乘积进行相加，最后再除以6岁及以上人口数，得到人均受教育年限。三是普通高等学校在校人数。将各地区大专及以上在读高校学生进行加总，高等院校既包括公立院校也包括私立院校。本书选用第一种度量方式，用普通高校生师比作为人力资本的代理变量。

（3）地区经济发展水平。

已有文献发现，经济发展水平与产业结构升级之间存在显著的正相关关系，即一个地区经济发展水平越高，该地区的产业结构升级水平也越高。因为地区经济对该地区的制度、环境等具有提升作用，该地区的消费者对产品的质量和品种要求也越多，提升该地区的产品质量和产品品种，同时消费者要求产品样式多样化、质量高端化，会促进更多创新企业的诞生，在激烈的市场竞争中，促进产业结构升级。与经济欠发达地区相比，经济发达地区的虹吸效应更强，将小城市和周边地区的劳动力和资源等要素吸引到经济发达地区，成立创新集聚区，对产业结构具有提升作用。与大部分参考文献相似，本书运用人均地区生产总值作为地区经济发展水平的度量指标。

（4）外商直接投资。

已有文献发现，外商直接投资规模与该地区在国际市场上的竞争力呈显著正相关关系，即外商直接投资规模越大，该地区在国际市场上的竞争力越强，外商直接投资规模可以反映地区引进技术的水平和能力，说明该地区引进国外成熟商业运行模式、先进管理水平和先进技术能力较强。外商直接投资规模的扩大对企业经营效率具有提升作用，有助于转变企业经营方式，促进产业结构升级。本书将 FDI 与 GDP 的比值作为外商直接投资的代理变量。

4.4 数据来源

本书采用中国 31 个省（直辖市、自治区）的 2011—2019 年面板数据，数据主要来源于 wind 数据库、《中国科技统计年鉴》《中国统计年鉴》，共获取有效样本 279 个。为增加变量的平稳性，在实证分析中对上述部分变量取对数。

4.5 本章小结

本章首先对科技金融、科技创新和产业结构升级的关系做了理论分析，如科技金融对产业结构升级起显著正向影响作用，科技金融对科技创新起显著正向影响作用，科技创新对产业结构升级起显著正向影响作用，科技创新在科技金融与产业结构升级之间起显著的中介作用，科技创新在科技金融与产业结构升级之间的中介作用呈现显著的区域异质性。其次，根据 4.1 的理论分析，本章提出本书的理论模型，科技金融为自变量、科技创新为中介变量、产业结构升级为因变量。最后，本章分别提出相应变量的度量指标及控制变量，并简要介绍了本章的数据来源。

第5章 CHAPTER5

实证分析

本书选取2011—2019年，中国31个省（直辖市、自治区）相关面板数据，并根据经济发展水平，将中国31个省（直辖市、自治区）分为东部、中部和西部。首先，运用探索性因子分析模型将本书第4章的科技金融、科技创新和产业结构升级的多个度量指标，分别综合成为一个指标，作为科技金融、科技创新和产业结构升级的度量因子，并将本书涉及的因变量、自变量、中介变量和控制变量进行统计描述。其次，在进行实证分析之前，对相关变量进行平稳性检验，检验结果表明，相关变量可以直接进行中介效应检验。最后，分别运用逐步回归检验法、Sobel检验模型和Bootstrap检验模型实证分析了科技金融、科技创新对产业结构升级的影响，以及区域异质性。

5.1 因子分析

因子分析模型大体上有两种作用，第一种作用是寻找隐性因子的大小及实际意义，这种类型的因子分析被称为探索性因子分析（EFA）；第二种作用是对因子之间的关系进行验证，这种类型的因子分析被称为验证性因子分析（CFA）。本书采用的是探索性因子分析，探索性因子分析是主成分分析（PCA）在广度和深度上的推广，在广度上，探索性因子分析模型提取因子的方法包括主成分分析法、最大似然估计法、alpha 因式分解和映像因式分解，其中大部分学者应用主成分分析法，但是张文彤和董伟建议，如果样本量超过 1500 个，则运用极大似然估计法会获得更精确的结果；如果数据量或者变量个数过小，则运用 alpha 因式分解或映像因式分解可以获得更精确的结果。[197] 如果提取的因子与原始特征向量之间的相关系数过于平均，很难界定因子的经济意义，此时应将因子进一步旋转，使因子与原始特征向量之间的相关系数或者距离零很近，或者距离零很远，以期找到更具经济意义的因子，常用的方法为最大方差法和最优斜交法，其中最大方差法统计意义更好，最优斜交法经济意义更好。

探索性因子模型和主成分分析一样，基于降维的基本思想，利用原始特征向量的协方差阵或者相关阵，将具有较大相关性但不存在完全共线性的众多变量综合为少数但包含大量原始特征向量信息的因子的方法。探索性因子分析模型的思想起源于 Spearman（1904），当时 Spearman 在研究学生考试成绩的时候，发现了因子分析模型。随着大数据和计算机技术的发展，因子分析模型已经广泛地应用于经济学、管理学、心理学和医学等领域，使得探索性因子分析的理论和方法更加成熟。探索性因子分析基于原始特征向量之间相关性的大小进行降维，将原始特征向量分成几个不同的组，组内的变量之间具有较高的相关性，各组之间的变量之间相关性较弱。在本书的研究中，因变量产业结构升级、核心自变量科技金融和中介变量科技创新均用多指标进行描述，因而本书运用因子分析模型，将多指标降维为一个指标进行分析。因子分析的步骤如下。

（1）根据研究问题选取原始变量 $X=\left(X_1,X_2,\cdots,X_p\right)$。

（2）考察原始特征向量的特点，如果原始变量的量纲和数量级差别很小，运用原始变量的协方差阵，分析变量之间的关系；如果原始变量的量纲和数量级差别较大，则运用原始变量的相关阵，分析变量之间的关系。

（3）求解初始公共因子及因子载荷矩阵。

（4）因子旋转。

（5）计算因子得分。

运用因子分析模型之前，应对原始变量的相关性进行分析，原始变量之间只有存在较大的相关性，才适合运用因子分析模型，否则就要寻找其他的模型，原始变量相关性经常运用皮尔逊相关系数、KMO 和 Bartlett 等方法进行度量。KMO 度量方法由 Kaiser（1974）提出，KMO 值在 0 ～ 1，越接近于 0 相关性越弱，越接近于 1 相关性越强，Kaiser（1974）将 0.5 作为是否适合运用因子分析模型的标准，当 KMO 值小于 0.5 时，不适合运用因子分析模型。Bartlett 的球形度检验主要用来检验原始变量的相关矩阵是否为单位矩阵，如果为单位矩阵不适合运用因子分析模型，如果不为单位矩阵，则适合运用因子分析模型。

5.1.1　产业结构的因子分析

KMO 主要检验原始变量之间的相关关系和偏相关关系，当原始变量的相关性越强，同时偏相关性越弱时，原始变量越适合运用因子分析模型，KMO 值越接近于 0，则说明原始变量之间相关性弱，偏相关性强；KMO 值越接近于 1，则说明原始变量之间相关性越强，偏相关性越弱。Bartlett 球形检验的原假设 H_0 为原始变量的相关阵为单位阵；备择假设 H_1 为原始变量的相关阵为非单位阵。如果 Sig 值小于 0.01，则在 1% 显著性水平下拒绝原假设 H_0，说明原始变量之间相关性较强，适合运用探索性因子分析模型。由表 5-1 可知，中国 31 个省（直辖市、自治区）2011—2019 年产业结构升级水平的 KMO 值均大于 0.5，说明产业结构升级水平的度量指标之间相关性较大，偏相关性较小，因此，这些度量指标适合运用探索性因子分析模型；2011—2019 年，中国产业结构升级的 Bartlett 球形度检验的 Sig 值均小于 0.01，在 1% 显著性水平下拒绝原假设 H_0，说明资源积累效率、泰尔指数和高新技术产业增长指数之间存在显著的相关关系，因此资源积累效率、泰尔指数和高新技术产业增长指数适合运用探索性因子分析模型。

表 5-1　2011—2019 年中国 31 个省（直辖市、自治区）产业结构升级水平的 KMO 值和 Bartlett 球形度检验结果

年份	KMO 值	Bartlett 球形度检验		
		近似卡方	df	Sig
2011	0.555	36.075	3	0.000
2012	0.520	54.558	3	0.000
2013	0.535	68.981	3	0.000
2014	0.543	76.705	3	0.000
2015	0.536	70.328	3	0.000
2016	0.543	70.983	3	0.000
2017	0.538	73.971	3	0.000
2018	0.535	77.612	3	0.000
2019	0.534	76.874	3	0.000

本书采用探索性因子分析模型（EFA）对中国 31 个省（直辖市、自治区）产业结构升级水平提取公共因子，其结果如表 5-2 所示。根据 Kaiser-Harris 准则，选择特征值大于 1 的因子，代表产业结构升级水平，因为特征值小于 1 的因子提供的信息要少于一个原始变量提供的平均信息。由表 5-2 可知，在 2011—2019 年期间，中国 31 个省（直辖市、自治区）均只提取出 1 个因子，2011—2014 年、2018 年和 2019 年的累积方差贡献率接近 70%，2015—2017 年累积方差贡献率超过 70%。由此可知，本书选取的因子提取了资源积累效率、泰尔指数和高新技术产业增长指数的大部分信息。

表 5-2　2011—2019 年中国 31 个省（直辖市、自治区）产业结构升级水平累积方差贡献率

年份	特征值	累积方差贡献率 /%
2011	2.022	67.397
2012	2.035	67.837
2013	2.075	69.167
2014	2.100	69.984
2015	2.100	70.002
2016	2.116	70.543
2017	2.110	70.334
2018	2.092	69.744
2019	2.092	69.732

5.1.2　科技金融的因子分析

由表 5-3 可知，中国 31 个省（直辖市、自治区）2011—2019 年科技金融水平的 KMO 值均大于 0.6，说明本书选取的科技金融度量指标相关性较大，偏相关性较小，因此这组度量指标适合采用探索性因子分析；Bartlett 的球形度检验的 Sig 值均小于 0.01，因此，在 1% 的显著性水平下拒绝原假设 H_0，说明地方财政科技支出 / 地方财政总支出、地方财政科技支出、高技术产业利税总额、企业科研经费投入和企业 R&D 经费投入 / 企业主营业务收入之间在 1% 的显著性水平下存在显著的相关关系，因此这组度量指标适合运用探索性因子分析。

表 5-3　2011—2019 年中国 31 个省（直辖市、自治区）科技金融的 KMO 值和 Bartlett 球形度检验结果

年份	KMO 值	Bartlett 球形度检验		
		近似卡方	df	Sig
2011	0.614	205.432	6	0.000
2012	0.649	191.525	6	0.000
2013	0.663	201.298	6	0.000
2014	0.614	226.515	6	0.000
2015	0.657	221.145	6	0.000
2016	0.617	220.250	6	0.000
2017	0.603	197.884	6	0.000
2018	0.657	198.819	6	0.000
2019	0.687	202.846	6	0.000

本书采用探索性因子分析模型对中国 31 个省（直辖市、自治区）2011—2019 年科技金融提取公共因子，其结果如表 5-4 所示。本书根据 Kaiser-Harris 准则选择因子，将特征值是否大于 1 作为入选的基准，本书只选择特征值大于 1 的因子，因为特征值小于 1 的因子提供的信息要少于一个原始变量提供的平均信息。由表 5-4 可知，在 2011—2019 年期

间，中国 31 个省（直辖市、自治区）均只提取出 1 个因子，其累积方差贡献率均超过 80%，尤其是 2013 年、2015—2019 年的累积方差贡献率均超过 85%。由此可知，本书选取的因子提取了原始变量的绝大部分信息。

表 5-4 2011—2019 年中国 31 个省（直辖市、自治区）科技金融水平累积方差贡献率

年份	特征值	累积方差贡献率 /%
2011	3.344	83.604
2012	3.348	83.695
2013	3.402	85.060
2014	3.259	81.484
2015	3.459	86.470
2016	3.466	86.651
2017	3.409	85.226
2018	3.508	87.708
2019	3.580	89.493

5.1.3 科技创新的因子分析

由表 5-5 可知，中国 31 个省（直辖市、自治区）2011—2019 年科技创新水平的 KMO 值均大于 0.6，说明本书选择的科技创新的度量指标相关性较大，同时偏相关性较小，因此这些指标适合运用探索性因子分析模型；Bartlett 的球形度检验的 Sig 值均小于 0.01，在 1% 显著性水平下拒绝原假设 H_0，说明科技创新投入、产出、扩散和环境等指标之间存在显著的相关关系，适合运用探索性因子分析模型。

表 5-5 2011—2019 年中国 31 个省（直辖市、自治区）科技创新的 KMO 值和 Bartlett 球形度检验结果

年份	KMO 值	Bartlett 球形度检验		
		近似卡方	df	Sig
2011	0.680	169.176	6	0.000
2012	0.639	157.890	6	0.000
2013	0.711	170.557	6	0.000
2014	0.751	172.777	6	0.000
2015	0.771	170.155	6	0.000
2016	0.754	161.234	6	0.000
2017	0.700	166.182	6	0.000
2018	0.703	200.737	6	0.000
2019	0.653	202.357	6	0.000

本书采用因子分析法对中国 31 个省（直辖市、自治区）2011—2019 年科技创新水平提取公共因子，其结果如表 5-6 所示。本书根据 Kaiser-Harris 准则选择因子，将特征值是否大于 1 作为入选的基准，本书只选择特征值大于 1 的因子，代表中国科技创新水平，因为特征值小于 1 的因子提供的信息要少于一个原始变量提供的平均信息。由表 5-6 可知，在 2011—2019 年期间，中国 31 个省（直辖市、自治区）均只提取出 1 个因子，其累积方差贡献率均接近 80%，由此可知，本书选取的公共因子提取了原始变量的绝大部分信息。

表 5-6 2011—2019 年中国 31 个省（直辖市、自治区）科技创新水平累积方差贡献率

年份	特征值	累积方差贡献率 /%
2011	3.106	77.647
2012	3.084	77.099

续表

年份	特征值	累积方差贡献率 /%
2013	3.134	78.350
2014	3.165	79.120
2015	3.156	78.895
2016	3.158	78.939
2017	3.183	79.567
2018	3.186	79.661
2019	3.170	79.255

5.2 数据描述性统计

表 5-7 为本书研究的因变量、自变量、中介变量和控制变量的描述性统计，因为自变量科技金融、中介变量科技创新和因变量产业结构升级均为探索性因子分析提取的公共因子，因为公共因子均为单位化的主成分，因此这三个变量的平均值均为 0、标准差均为 1。由表 5-7 可以看出，产业结构升级最大值为 2.55276，最小值为 –3.18413，平均值为 0，最大值与最小值相差 5.73689，说明中国地区间产业结构升级水平存在较大差异；科技金融最大值为 3.72431，最小值为 –0.99968，最大值与最小值相差 4.72399，说明中国地区间科技金融存在较大差异；科技创新最大值为 3.77127，最小值为 –0.89953，最大值与最小值相差 4.67080，说明中国地区间科技创新存在较大差异。投资规模用全社会固定资产投资与地区年末总人口数的比值表示，投资规模最大值为 8.181426，最小值为 1.221079，平均值为 3.965336，标准差为

1.508607，最大值与最小值相差 6.960347，说明中国地区间投资规模差异不大；人力资本用普通高校生师比表示，人力资本最大值为 21.34，最小值为 13.93374，平均值为 17.49265，标准差为 1.140507，最大值与最小值相差 7.40626，说明中国地区间人力资本差异不大；地区经济发展水平用人均 GDP 表示，地区经济发展水平最大值为 164220，最小值为 16413，平均值为 54017.93，标准差为 26223.36，最大值与最小值相差 147807，说明中国地区间经济发展水平差异较大；外商直接投资用实际利用外资额与地区生产总值之比表示，其中实际利用外资额度量单位是美元，按照当年人民币兑美元的汇率换算成人民币计价，外商直接投资最大值为 1.791871，最小值为 0.047331，平均值为 0.360079，标准差为 0.359998，最大值与最小值相差 1.74454，说明中国地区间外商直接投资差异不大。2011—2019 年中国 31 个省（直辖市、自治区）的产业结构升级水平、科技金融、科技创新和经济发展水平存在较大差异；投资规模、人力资本和外商直接投资差别不大。

表 5-7　2011—2019 年中国 31 个省（直辖市、自治区）相关变量描述性统计

变量	指标	样本数	均值	标准差	最小值	最大值
因变量	产业结构升级	279	0	1	−3.18413	2.55276
自变量	科技金融	279	0	1	−0.99968	3.72431
中介变量	科技创新	279	0	1	−0.89953	3.77127
控制变量	投资规模	279	3.965336	1.508607	1.221079	8.181426
	人力资本	279	17.49265	1.140507	13.93374	21.34
	地区经济发展水平	279	54017.93	26223.36	16413	164220
	外商直接投资	279	0.360079	0.359998	0.047331	1.791871

5.3 中介效应检验

根据前面章节的现状分析和理论分析，本节采用中介效应模型验证科技金融、科技创新和产业结构升级三者之间的关系，为使检验结果更加准确可靠，在检验之前对相关变量进行稳定性检验，在相关变量满足平稳性的前提下，分别运用逐步回归检验、Sobel 检验模型、Bootstrap 检验模型检验科技创新在科技金融对产业结构升级影响作用的过程中是否会呈现中介效应，在有中介效应的前提下，研究中介效应是部分中介效应还是完全中介效应及中介效应的大小。

5.3.1 模型建立

本书采用中介效应的检验方法，探析科技金融对产业结构升级的影响机制和路径，即科技金融对产业结构升级产生的总效应，以及科技创新在科技金融对产业结构升级影响的过程中是否会出现中介效应，即分别探析科技创新对产业结构升级的直接效应和间接效应，在有中介效应的前提下研究中介效应属于部分中介效应还是完全中介效应。构建的面板数据回归模型如下。

$$Y_{it}=\alpha_i+cX_{it}+\beta_1\ln Z_{1it}+\beta_2\ln Z_{2it}+\beta_3\ln Z_{3it}+\beta_4\ln Z_{4it}+\varepsilon_{it} \quad (5\text{-}1)$$

$$M_{it}=\alpha_i+aX_{it}+\beta_1\ln Z_{1it}+\beta_2\ln Z_{2it}+\beta_3\ln Z_{3it}+\beta_4\ln Z_{4it}+\varepsilon_{it} \quad (5\text{-}2)$$

$$Y_{it}=\alpha_i+c'X_{it}+bM_{it}+\beta_1\ln Z_{1it}+\beta_2\ln Z_{2it}+\beta_3\ln Z_{3it}+\beta_4\ln Z_{4it}+\varepsilon_{it} \quad (5\text{-}3)$$

其中，Y_{it} 为因变量产业结构升级；X_{it} 为自变量科技金融；M_{it} 为中介变量科技创新，Z_1 到 Z_4 为控制变量，为降低控制变量样本数据的波动幅度，使控制变量样本数据增长趋势趋于平缓，数据变得平稳，本书将部分控制变量取对数处理，其中 Z_1 为全社会固定资产投资与年末人口数的比值，Z_2 为普通高校生师比，Z_3 为人均国民生产总值，Z_4 为外商投资总额与国民生产总值的比值。α_i 代表中国 31 个省（直辖市、自治区）的异质性，c 代表自变量科技金融对因变量产业结构升级的总效应，c' 代表自变量科技金融对因变量产业结构升级的直接效应；a、b 代表自变量科技金融对因变量产业结构升级的间接效应，如果该模型存在中介效应，则 a、b 也为科技金融对因变量产业结构升级的中介效应。ε_{it} 表示随机误差项；$i=1,2,3,\cdots,31$ 为地区指标，表示研究样本的中国 31 个省（直辖市、自治区）；$t=2011,2012,\cdots,2019$ 为时间指标。

5.3.2 平稳性检验

在对含有时间维度样本数据进行中介效应检验之前，应对相关变量的样本数据进行平稳性检验，可以避免出现“伪回归”，使实证结果精确可靠。如果在样本量过小的情况下对变量进行平稳性检验，相对于大样本情况，平稳性检验功效比较低，即如果不拒绝原假设 H_0，则有很大的可能性会犯第二类错误。因此，本书针对 2011—2019 年期间中国 31 个省（直辖市、自治区）的面板数据进行平稳性检验会有比较高的功效，即在不拒绝原假设的情况下，犯第二类错误的概率较小。[198] 为保证检验结果的稳健性，本书选取 LLC 和费雪式两种检验方法对涉及的相关变量进行平稳性检验，检验结果如表 5-8 和表 5-9 所示。

LLC 平稳性检验假设中国 31 个省（直辖市、自治区）的自回归系数具有同样的数值，即中国不同省（直辖市、自治区）具有一个“共同根”，但是 LLC 检验存在前提条件，运用 LLC 检验的前提条件是中国 31 个省（直辖市、自治区）之间不存在相关关系，如果中国 31 个省（直辖市、自治区）之间存在相关关系，则检验结果存在“显著性水平扭曲”。根据空间计量理论，中国 31 个省（直辖市、自治区）之间存在空间相关关系，Andrew 等认为将面板数据均值化，可以缓解空间相关性。[199] 如果面板数据模型存在个体固定效应，则 t 统计量可能会趋于无穷大，Levin、Lin 和 Chu（2002）提出修正 t 统计量，修正后的 t 统计量在样本量趋于无穷大时服从标准正态分布。LLC 检验为左侧单边平稳性检验，即拒绝域分布在图形的最左边，这一点与单位根检验类似。由表 5-8 可以看出，修正 t 值均小于 −2.3263479，相对应的 p 值均小于 0.01，因此强烈拒绝面板数据不稳定的原假设，认为产业结构升级、科技金融、科技创新及相关控制变量满足平稳性，可以直接进行中介效应检验。

表 5-8　相关变量 LLC 平稳性检验

变量	变量指标	未修正 t 值	修正 t 值	p 值
因变量	产业结构升级	−15.9500	−5.6948	0.0000
自变量	科技金融	−16.4240	−10.1544	0.0000
中介变量	科技创新	−16.9619	−12.9301	0.0000
控制变量	投资规模	−10.2725	−8.7325	0.0000
	人力资本	−12.9007	−5.2414	0.0000
	地区经济发展水平	−16.9534	−11.0422	0.0000
	外商直接投资	−13.6928	−8.6468	0.0000

与 LLC 平稳性检验不同，费雪式平稳性检验允许中国 31 个省（直辖市、自治区）的自回归系数不同。费雪式检验的步骤，对面板数据中的 31 个省（直辖市、自治区），在 2011—2019 年运用单位根检验或者 PP 检验方法，分别进行平稳性检验，得到 31 个检验统计量及相应的 p 值。Choi（2001）运用四种方法将 31 个统计量综合成费雪式统计量，这四

种方法分别为运用逆逻辑变换、逆卡方变换、修正逆卡方变换和逆正态变换四种方法。由表 5-9 可以看出，四种方法的 p 值均小于 0.001，因此本书强烈拒绝面板数据不稳定的原假设，认为产业结构升级、科技金融、科技创新以及相关控制变量满足平稳性，可以直接进行回归分析。

表 5-9　相关变量费雪式平稳性检验

变量指标	逆卡方变换		逆正态变换		逆逻辑变换		修正逆卡方变换	
	统计量	p 值	统计量	p 值	统计量	p 值	统计量	p 值
产业结构升级	109.1667	0.0002	−4.2414	0.0000	−3.9060	0.0001	4.2357	0.0000
科技金融	96.7614	0.0031	−3.5540	0.0002	−3.4435	0.0004	3.1217	0.0009
科技创新	93.9691	0.0055	−2.8298	0.0023	−2.5707	0.0055	2.8709	0.0002
投资规模	104.7865	0.0006	−3.0022	0.0013	−2.9816	0.0017	3.8423	0.0001
人力资本	97.2358	0.0028	−3.1035	0.0010	−3.0714	0.0013	3.1643	0.0008
地区经济发展水平	119.5489	0.0000	−4.9892	0.0000	−4.8338	0.0000	5.1680	0.0000
外商直接投资	94.9778	0.0045	−2.3145	0.0103	−2.1164	0.0179	2.9615	0.0015

本书运用中介效应检验方法，研究科技金融对产业结构升级的直接效应和科技金融是否会通过科技创新对产业结构升级产生中介效应，并验证中介效应属于完全中介效应还是部分中介效应，以及中介效应的大小。学术届应用比较广泛的中介效应检验方法分为逐步回归检验、Sobel 检验模型和 Bootstrap 检验模型，下面分别运用这三种方法分析科技金融、科技创新与产业结构升级三者之间的关系，并探讨科技金融、科技创新与产业结构升级之间的区域异质性。

5.3.3　逐步回归检验

根据前面内容的理论分析，构建中介效应模型，采用逐步检验回归系数法来验证科技创新在科技金融与产业结构升级之间是否存在中介效应，以及中介效应在总效应中的占比，即中介效应的作用程度。

逐步检验法由 Baron 和 Kenny（1986）提出，将中介效应检验分为三步：第一步，构建面板数据模型，验证自变量 X 与因变量 Y 之间的关系，若回归系数显著，即模型（5-1）中系数 c 显著，则继续验证，否则终止检验，选择其他模型进行检验；第二步，使用面板数据回归分析验证自变量 X 与中介变量 M 之间的关系，若回归系数显著，即模型（5-2）中系数 a 显著，则继续验证，否则终止检验，选择其他模型进行检验；第三步，将中介变量 M 加入面板数据回归模型（5-1）中，验证自变量 X、中介变量 M 及因变量 Y 之间的关系，在中介变量 M 与因变量 Y 之间的回归系数 b 显著的前提条件下，如果自变量 X 与因变量 Y 之间的回归系数 c′ 不再显著，该中介效应属于完全中介效应。如果自变量与因变量间的回归系数 c′ 依旧显著，但是系数变小或显著性减弱，该中介效应属于部分中介效应。

1. 固定效应模型或随机效应模型的选择

在处理面板数据时，面临的问题之一是使用固定效应模型还是随机效应模型。常用的方法是豪斯曼检验，原假设 H_0 为随机效应模型；备择假设 H_1 为固定效应模型。本书运用豪斯曼检验，确定研究运用的模型。由表 5-10 可以看出，模型（5-1）豪斯曼检验卡方统计量 chi2(7) 为 17.25，相应的伴随概率 p 值为 0.0159，p 值小于 0.05，在 5% 的显著性水平下拒绝原假设，根据豪斯曼检验结果，模型（5-1）采用固定效应模型。模型（5-2）豪斯曼检验卡方统计量chi2(7)为88.69，相应的伴随概率p值为零，p值小于0.01，根据豪斯曼检验结果，在1%的显著性水平下拒绝原假设，模型（5-2）采用固定效应模型。模型（5-3）豪斯曼检验卡方统计量chi2(7)为15.20，相应的伴随概率p值为0.0555，p值小于0.1，在10%的显著性水平下拒绝原假设，根据豪斯曼检验结果，模型（5-3）采用固定效应模型。豪斯曼检验存在一个局限性，当随机扰动项存在异方差的时候，豪斯曼检验不是最有效的检验方法。解决方法主要有两种：第一种是自助法（Bootstrapping），第二种方法是进行辅助回归，运用聚类稳健标准误对原假设H_0进行检验。本书运用第二种方法进行检验。由表5-10可以看出，模型（5-1）辅助法卡方统计量chi2(8)为18.825，相应的伴随概率p值为0.0158，p值小于0.05，根据辅助法检验结果，在5%的显著性水平下拒绝原假设，因此模型（5-1）采用固定效应模型。模型（5-2）辅助法卡方统计量chi2(8)为133.704，相应的伴随概率p值为0，根据辅助法检验结果，在1%的显著性水平下拒绝原假设，模型（5-2）采用固定效应模型。模型（5-3）辅助法卡方统计量chi2(9)为13.032，相应的伴随概率p值为0.1612，p值大于0.1，在10%的显著性水平下不拒绝原假设，根据辅助法检验结果，模型（5-3）采用随机效应模型。

根据表5-10的检验结果，模型（5-1）、模型（5-2）运用豪斯曼检验和辅助法得到的结果一致，模型（5-1）和模型（5-2）均采用固定效应模型，但是根据豪斯曼检验和辅助法检验结构，模型（5-3）存在不确定性。如果原假设H_0成立，那么随机效应模型的检验效率高于固定效应模型的检验效率，但是固定效应模型依然满足一致性；如果原假设H_0不成立，固定效应模型仍然满足一致性，但是随机效应模型不满足一致性。因此，模型（5-3）也采用固定效应模型进行逐步中介效应检验。

表 5-10 模型选择结果

模型	豪斯曼检验			辅助法		
	卡方统计量	自由度	p 值	卡方统计量	自由度	p 值
模型（5-1）	17.25	7	0.0159	18.825	8	0.0158
模型（5-2）	88.69	7	0.0000	133.704	8	0.0000
模型（5-3）	15.20	8	0.0555	13.032	9	0.1612

2. 实证检验结果

根据豪斯曼和辅助法检验结果，运用面板数据固定效应模型对模型（5-1）、模型（5-2）和模型（5-3）进行回归分析，检验结果如表 5-11 所示。

表 5-11 中第 2 列为模型（5-1）的检验结果，即检验自变量科技金融对因变量产业结构升级的总效应，由表 5-11 第 2 列的数据可知，模型（5-1）的 F 值为 46.06，相应的 p 值为 0.0000，可知模型（5-1）在 1% 的显著性水平下总体显著，自变量科技金融 X 的系数为 0.171325，即科技金融提升 1 个单位，则产业结构升级 0.171325 个单位，且系数在 5% 的显著性水平下显著，则说明科技金融对产业结构升级起显著的正向影响作用，满足后续逐步中介效应检验的前提条件。可知，科技金融对产业结构升级的总效应为 0.171325。

表 5-11 中第 3 列为模型（5-2）的检验结果，即检验自变量科技金融对中介变量科技创新的影响作用，可知模型（5-2）的 F 值为 11.13，相应的 p 值为 0.0000，可知模型（5-2）在 1% 的显著性水平下总体显

著，自变量科技金融X的系数为0.4653151，即科技金融提升1个单位，则科技创新提升0.4653151个单位，且系数在1%的显著性水平下显著，则说明科技金融对科技创新起显著的正向影响作用，满足后续逐步中介效应检验的前提条件，可以继续进行模型（5-3）的检验。

模型（5-3）主要是检验科技创新的中介效应，若中介变量科技创新M系数在显著性水平1%下显著，则说明科技创新在科技金融与产业结构升级之间发挥中介效应，且可以通过自变量科技金融X系数的显著性来衡量科技创新表现出完全中介效应还是部分中介效应，当中介变量科技创新M系数在1%显著性水平下显著，且自变量科技金融X系数不显著时，科技创新表现出完全中介效应；若中介变量科技创新M系数在1%显著性水平下显著，但是自变量科技金融X系数在1%显著性水平下显著，但是与模型（5-1）自变量科技金融X系数相比变小或者显著性降低，则中介变量科技创新X为部分中介效应。与模型（5-1）相比，模型（5-3）中加入了中介变量科技创新。由表5-11第4列可知，模型（5-3）的F值为3.42，相应的p值为0.0053且小于0.01，因此在1%显著性水平下，模型（5-3）在1%显著性水平下显著，中介变量科技创新M的系数为0.1025538，且在5%显著性水平下显著，因此中介变量科技创新M在自变量科技金融与产业结构升级之间有中介效应，自变量科技金融X系数为0.123537，且在10%的显著性水平下显著，说明在加入中介变量科技创新之后，科技金融政策的系数显著，这说明此时产业结构升级的变动不仅受到科技创新的间接影响，还受到来自科技金融的直接影响。与模型（5-1）相比，模型（5-3）中自变量科技金融系数变小，且系数显著性降低，因此科技创新在科技金融与产业结构升级之间起部分中介作用。这说明在科技金融作用于产业结构升级的过程中，除科技金融本身会产生一定的影响之外，科技创新也会发挥部分中介作用，科技创新中介效应存在。在科技金融、科技创新与产业结构升级三者之间的关系中，科技创新发挥了部分中介作用，即科技金融对产业结构升级的促进作用中部分是通过科技创新进行传递的。

表 5-11　逐步中介效应检验实证结果

变量	模型（5-1）	模型（5-2）	模型（5-3）
	Y	M	Y
X	0.171325**	0.4653151***	0.123537*
M	—	—	0.1025538**
控制变量	控制	控制	控制
常数项	12.84696***	0.6471277	12.78059**
F 值	46.06	11.13	3.42
p 值	0.0000	0.0000	0.0053

3. 分地区进行逐步中介效应检验

前面中介效应检验结果表明科技创新在科技金融与产业结构升级之间起显著的部分中介作用，但中国东部、中部和西部地区地理区位不同、各地的政策不一、经济发展存在较为明显的差异、各地的资源和人力要素配置不一，因此科技金融、科技创新与产业结构升级的关系是否会存在区域性差异？下面将基于区位异质性视角出发进行异质性分析。陈培阳和朱喜钢基于省级、地级和县级视角，对中国区域经济差异进行测度，研究发现，在不同的视角，中国不同地区的经济发展均存在差异性，且这种差异性与时间呈正相关关系，即在未来这种差异性会逐渐扩大。[200]

中国不同地区的科技金融、科技创新和产业结构升级相关程度和协同程度也会有所不同。例如，与中、西部相比，东部地区大都属于地理位置优越、经济发达地区，因而东部地区无论是资源还是人才均比较充足，优势较为突出，科技金融、科技创新转化效率高，渠道也多，对产业结构升级的促进效应更为明显，但是中、西部大部分地区不能满足科技金融和科技创新的这种需求，因而会影响产业结构升级。经济不发达地区缺乏对创新链、资金链和产业链的战略部署，缺乏科技创新所需的资源，缺乏将基础研究转化为应用研究的渠道，这将严重阻碍产业结构升级，而经济发达地区却能有效匹配科技金融、科技创新与产业结构升级之间的关系，将三者进行深度融合。中国各地区科技金融、科技创新主体的分布具有差异性，导致对科技高端人才的吸引力也存在较大不同，对东、中、西部地区的创新能力和创新效率也会产生影响。

为了检验科技金融、科技创新对产业结构升级影响的区域差异性，本书进一步将中国31个省（直辖市、自治区）分为东部、中部和西部三个区域，其中东部地区11个省（直辖市、自治区），中部地区包括9个省（直辖市、自治区），西部地区包括11个省（直辖市、自治区）。下面分别对中国东、中、西部地区科技金融、科技创新与产业结构升级之间的关系进行检验。

东部地区：表5-12中第2列为模型（5-1）的检验结果，即检验自变量科技金融对因变量产业结构升级的总效应，由表5-12第1列的数据可知，基于中国东部地区11个省（直辖市、自治区）样本数据模型（5-1）的F值为16.34，相应的p值为0.0000，可知模型（5-1）在1%的显著性水平下总体显著。模型（5-1）中，科技金融的估计系数大于零，且在5%的显著性水平下显著，说明科技金融对东部地区11个省

（直辖市、自治区）产业结构升级具有显著的正向效应。科技金融的系数估计值为 0.446559，说明东部地区科技金融每增加 1 个单位，会促进东部地区产业结构升级增长 0.446559 个单位，且系数在 5% 的显著性水平下显著，则说明东部地区科技金融对产业结构升级起显著的正向影响作用，满足后续逐步中介效应检验的前提条件。可知，东部地区科技金融对产业结构升级的总效应为 0.446559。

表 5-12 中第 3 列为模型（5-2）的检验结果，即检验东部地区自变量科技金融对中介变量科技创新的影响作用，由表 5-12 第 3 列的数据可知，模型（5-2）的 F 值为 54.89，相应的 p 值为 0.0000，可知东部地区模型（5-2）在 1% 的显著性水平下总体显著，自变量科技金融 X 的系数为 0.8743448，即东部地区科技金融提升 1 个单位，则科技创新提升 0.8743448 个单位，且系数在 1% 的显著性水平下显著，则说明东部地区科技金融对科技创新起显著的正向影响作用，满足后续逐步中介效应检验的前提条件，即可以继续进行模型（5-2）的检验。

由表 5-12 第 4 列可知，模型（5-3）的 F 值为 15.99，相应的 p 值为 0.0000 且小于 0.01，因此在 1% 显著性水平下，模型（5-3）整体上在 5% 显著性水平下显著，中介变量科技创新 M 的系数为 0.3376426，且在 5% 显著性水平下显著，因此东部地区科技创新 M 在科技金融与产业结构升级之间有中介效应，自变量科技金融 X 系数为 0.1358217，且在 10% 的显著性水平下显著，说明在加入中介变量科技创新之后，科技金融的系数仍然显著，这说明此时东部地区产业结构升级的变动不仅受到科技创新的间接影响，还受到来自科技金融的直接影响。与模型（5-1）相比，模型（5-3）中自变量科技金融系数变小，且系数显著性降低，因此科技创新在科技金融与产业结构升级之间起部分中介作用。这说明在科技金融作用于产业结构升级的过程中，除科技金融本身会产生一定的影响之外，科技创新也会发挥部分中介作用，中介效应存在。在科技金融、科技创新与产业结构升级三者之间的关系中，科技创新发挥了部分中介的作用，说明科技金融对产业结构升级的提升作用部分是通过直接路径进行传导的，同时科技创新可以作为科技金融作用于产业结构升级过程中的部分传导路径。

表 5-12　东部地区 11 个省（直辖市、自治区）逐步中介效应检验实证结果

变量	模型（5-1）	模型（5-2）	模型（5-3）
	Y	M	Y
X	0.446559**	0.8743448***	0.1358217*
M	—	—	0.3376426**
控制变量	控制	控制	控制
F 值	16.34	54.89	15.99
p 值	0.0000	0.0000	0.0000

中部地区：表 5-13 中第 2 列为模型（5-1）的检验结果，即检验自变量科技金融对因变量产业结构升级的总效应，由表 5-13 第 1 列的数据可知，基于中国中部地区 9 个省（直辖市、自治区）样本数据模型（5-1）的 F 值为 27.46，相应的 p 值为 0.0000，可知模型（5-1）在 1% 的显著性水平下总体显著。模型（5-1）中，科技金融的估计系数大于零，且在 5% 的显著性水平下显著，说明科技金融对中部地区 9 个省（直辖市、自治区）产业结构升级具有显著的正向效应。科技金融的系数估计值为 0.5605017，说明中部地区科技金融每增加 1 个单位，会促进中部地区产业结构升级增长 0.5605017 个单位，且系数在 5% 的显著性水平下显著，则说明中部地区科技金融对产业结构升级起显著的正向影响作用，满足后续逐步中介效应检验的前提条件。可知，中部地区科

技金融对产业结构升级的总效应为0.5605017。

表5-13中第3列为模型（5-2）的检验结果，即检验中部地区9个省（直辖市、自治区）自变量科技金融对中介变量科技创新的影响作用，由表5-13第3列的数据可知，模型（5-2）的F值为15.67，相应的p值为0.0000，可知中部地区模型（5-2）在1%的显著性水平下总体显著，自变量科技金融X的系数为0.3048683，即中部地区科技金融提升1个单位，则科技创新提升0.3048683个单位，且系数在5%的显著性水平下显著，则说明中部地区科技金融对科技创新起显著的正向影响作用，满足后续逐步中介效应检验的前提条件，即可以继续进行模型（5-2）的检验。

由表5-13第4列可知，模型（5-3）的F值为28.24，相应的p值为0.0000且小于0.01，因此在1%显著性水平下，模型（5-3）在1%显著性水平下显著，中介变量科技创新M的系数为0.5416767，且在1%显著性水平下显著，因此中部地区科技创新M在科技金融与产业结构升级之间有中介效应，自变量科技金融X系数为0.413053，且在10%的显著性水平下显著，说明在加入中介变量科技创新之后，科技金融的系数仍然显著，这说明此时中部地区产业结构升级的变动不仅受到科技创新的间接影响，还受到来自科技金融的直接影响。与模型（5-1）相比，模型（5-3）中自变量科技金融系数变小，且系数显著性降低，因此科技创新在科技金融与产业结构升级之间起部分中介作用。这说明在科技金融作用于产业结构升级的过程中，除科技金融本身会产生一定的影响之外，科技创新也会发挥部分中介作用，中介效应存在。在科技金融、科技创新与产业结构升级三者之间的关系中，科技创新发挥了部分中介作用，即科技金融对产业结构升级的促进作用部分是通过科技创新传递的，科技金融对产业结构升级的提升作用部分是通过直接路径进行传导的，科技创新可以作为科技金融作用于产业结构升级过程中的部分传导路径。

表 5-13　中部地区 9 省（直辖市、自治区）逐步中介效应检验实证结果

变量	模型（5-1）	模型（5-2）	模型（5-3）
	Y	M	Y
X	0.5605017**	0.3048683**	0.413053*
M	—	—	0.5416767***
控制变量	控制	控制	控制
F 值	27.46	15.67	28.24
p 值	0.0000	0.0000	0.0000

西部地区：表 5-14 中第 2 列为模型（5-1）的检验结果，即检验自变量科技金融对因变量产业结构升级的总效应，由表 5-14 第 1 列的数据可知，基于中国西部地区 11 个省（直辖市、自治区）样本数据模型（5-1）的 F 值为 18.45，相应的 p 值为 0.0000，可知模型（5-1）在 5% 的显著性水平下总体显著。模型（5-1）中，科技金融的估计系数大于零，且在 5% 的显著性水平下显著，说明科技金融对西部地区 11 个省（直辖市、自治区）产业结构升级具有显著的正向效应。科技金融的系数估计值为 3.366368，说明西部地区科技金融每增加 1 个单位，会促进西部地区产业结构升级增长 3.366368 个单位，且系数在 5% 的显著性水平下显著，则说明西部地区科技金融对产业结构升级起显著的正向影响作用，满足后续逐步中介效应检验的前提条件。可知，西部地区科技金融对产业结构升级的总效应为 3.366368。

表 5-14 中第 3 列为模型（5-2）的检验结果，即检验西部地区自变

量科技金融对中介变量科技创新的影响作用，由表 5-14 第 3 列的数据可知，模型（5-2）的 F 值为 19.16，相应的 p 值为 0.0000，可知西部地区模型（5-2）在 1% 的显著性水平下总体显著，自变量科技金融 X 的系数为 0.7030139，即西部地区科技金融提升 1 个单位，则科技创新提升 0.7030139 个单位，且系数在 1% 的显著性水平下显著，则说明西部地区科技金融对科技创新起显著的正向影响作用，满足后续逐步中介效应检验的前提条件，即可以继续进行模型（5-2）的检验。

由表 5-14 第 4 列可知，模型（5-3）的 F 值为 15.56，相应的 p 值 = 0.0001 且小于 0.01，因此在 1% 显著性水平下，模型（5-3）整体上在 1% 显著性水平下显著，中介变量科技创新 M 的系数为 3.534674，且在 5% 显著性水平下显著，因此西部地区科技创新 M 在科技金融与产业结构升级之间有中介效应，自变量科技金融 X 系数为 1.287864，且在 10% 的显著性水平下显著，说明在加入中介变量科技创新之后，科技金融的系数仍然显著，这说明此时西部地区产业结构升级的变动不仅受到科技创新的间接影响，还受到来自科技金融的直接影响。与模型（5-1）相比，模型（5-3）中自变量科技金融系数变小，且系数显著性降低，因此科技创新在科技金融与产业结构升级之间起部分中介作用。这说明在科技金融作用于产业结构升级的过程中，除科技金融本身会产生一定的影响之外，科技创新也会发挥部分中介作用，中介效应存在。在科技金融、科技创新与产业结构升级三者之间的关系中，科技创新发挥了部分中介作用，即科技金融对产业结构升级的促进作用部分是通过科技创新传递的，说明科技金融对产业结构升级的提升作用部分是通过直接路径进行传导的，同时科技创新可以作为科技金融作用于产业结构升级过程中的部分传导路径。

表 5-14　西部地区 11 个省（直辖市、自治区）逐步中介效应检验实证结果

变量	模型（5-1）	模型（5-2）	模型（5-3）
	Y	M	Y
X	3.366368**	0.7030139***	1.287864*
M	—	—	3.534674**
控制变量	控制	控制	控制
F 值	18.45	19.16	15.56
p 值	0.0000	0.0000	0.0001

由表 5-12、表 5-13 和表 5-14 的实证结果可以看出，中国东部、中部、西部地区的科技金融对科技创新起显著正向影响作用，科技金融对科技创新起显著正向影响作用，科技创新在科技金融与产业结构升级之间起显著部分中介作用。但是从表 5-12、表 5-13 和表 5-14 的结果可以看出，中国东、中、西部地区科技金融和科技创新对产业结构升级的影响存在显著的差异，这一结论证明科技金融、科技创新对产业结构升级的影响作用存在很大的区位异质性。究其原因，可总结为如下几点。第一，中国东部地区科技金融和科技创新的发展水平较高，风险投资机构运营规范，科技金融对科技创新的促进作用较强，同时，东部地区经济发展水平较高，积累了大量资本。第二，东部地区经济基础相对雄厚、经济发展基数大、前期的积累也较大、企业集聚效应明显、研发环境优越，这些基础条件有利于科技创新驱动作用的发挥。东部地区科技创新较成熟，经济发展充分，科技创新与产业结构升级的结合作用能够得到充分体现。第三，东部地区由于优越的区位条件和便利的交通因素有利于地区形成产业集聚和较大规模金融资源的集聚，进一步推动产业结构优化升级的进程。第四，中、西部地区科技金融和科技创新发展相对较

晚，创新投入资金的使用率相对较低；西部地区科技创新企业数量最少，且长期处于人力资源和物力资源缺乏的状况，科技金融和科技创新的发展水平最弱。第五，中、西部地区的科技创新水平处于初级阶段，经济发展也不充分。第六，受到地理位置和经济条件的限制，中、西部地区本身的产业结构层次偏低，尤其是青海省、甘肃省、新疆维吾尔自治区等地，多以劳动密集型的低附加值产业为主，科技金融要想实现这部分地区产业结构的优化升级还需要投入更多的资源。

5.3.4　Sobel 检验模型

逐步检验法具有明显的优点和缺点，优点是容易理解、容易操作，因此使用频率较高，但是也存在明显的缺点。模型（5-1）中自变量科技金融的系数 c 是否显著并非中介检验的必要前提，因为在有些情况下虽然系数 c 不显著，但是模型仍然存在明显的中介效应。因此在现实中普遍存在系数 c 不显著，但是模型存在中介效应的情况。因此，当系数 c 不显著但存在中介效应时，逐步检验法将会判断失误。温忠麟等模拟发现，有 50% 的可能性，自变量和因变量的总效应 c 不显著，但却存在显著的中介效应。即使出现自变量与因变量之间的系数为零这种极端情况，但该模型仍可能存在中介效应。[201] 王孟成认为，逐步检验法无法检验自变量系数不显著但存在中介效应的情况，因此他认为自变量和因变量是否显著相关并不是存在中介效应的前提。[202] 同时，逐步检验法对于较弱的中介效应效果也不理想，如模型（5-2）自变量科技创新的系数 a 较小但是模型（5-3）中中介变量科技创新的系数 b 较大时，以此判断为中介效应不显著，如果系数乘积 ab 较大时，仍然可能存在中介效应，因此逐步检验法犯第二类错误的可能性较大。

阳义南[203]发现，逐步回归检验法的统计功效小于Sobel检验法和Bootstrap检验法。下面首先介绍一下系数乘积法，按照假定条件的不同，系数乘积法可以分为两种类型：一种类型是Sobel检验法，该检验法要求系数乘积ab服从正态分布；另一种类型是Bootstrap抽样法，该检验方法没有对系数乘积ab进行规定。检验思想是系数乘积ab是否具有显著性，Sobel（1982）检验统计量为

$$z = ab/S_{ab} \tag{5-4}$$

其中，$S_{ab} = \sqrt{a^2S_b^2 + b^2S_a^2}$，$S_a^2$和$S_b^2$分别为a和b的标准误。

Sobel检验统计量并不唯一，Goodman I检验和Goodman II检验也可以检验ab的统计显著性。其中，Goodman I检验统计量为

$$z = \frac{ab}{\sqrt{a^2S_b^2 + b^2S_a^2 + S_a^2S_b^2}} \tag{5-5}$$

Goodman II检验统计量为

$$z = \frac{ab}{\sqrt{a^2S_b^2 + b^2S_a^2 - S_a^2S_b^2}} \tag{5-6}$$

MacKinnon（1998）认为，当样本量趋于无穷大时，Sobel检验和Goodman检验结果趋于一致。温忠麟等[204]运用模拟研究发现，Sobel检验法的检验效力高于逐步检验法。因为$ab = c - c'$，因此检验间接效应也可以通过检验$H_0: c - c' = 0$，此种方法称为系数差异检验法，系数差异检验法的t统计量为

$$t = (c - c')/S_{c-c'} \tag{5-7}$$

其中，$S_{c-c'} = \sqrt{S_c^2 + S_{c'}^2 - 2rS_c^2S_{c'}^2}$，$S_c^2$和$S_{c'}^2$分别为c和c′的标准误，r为自变量与中介变量的相关系数。

系数差异检验法的第一类错误率高于系数乘积检验法。为使中介效应检验结果更具说服力，下面进行Sobel检验，检验结果如表5-15

所示。

由表 5-15 可以看出，中国 31 个省（直辖市、自治区）的科技金融对产业结构升级的总效应为 1.996263，p 值为零，在 1% 的显著性水平下显著；中国 31 个省（直辖市、自治区）的科技金融对产业结构升级的直接效应为 0.985143，p 值为零，在 1% 的显著性水平下显著；中国 31 个省（直辖市、自治区）的科技金融对产业结构升级的间接效应为 1.01112，p 值为零，在 1% 的显著性水平下显著。Sobel 检验系数在 1% 的显著性水平下为正，证明科技创新在科技金融与产业结构升级之间的中介效应是存在的，并且表现为正向效应。估算中介效应占比发现，科技创新作为科技金融作用于产业结构升级的路径，在此过程中发挥的中介作用效果为 1.01112，占科技金融政策整体效果的 50.65%，这意味着科技创新是科技金融作用于产业结构升级时很关键的一个变量，其影响力要大于科技金融的直接作用效果，因此认为科技创新可以作为科技金融推动产业结构升级的路径。

表 5-15 中国 31 个省（直辖市、自治区）Sobel 中介效应检验结果

效应	系数	标准差	Z 值	p 值
全国				
总效应	1.996263	0.60244	3.3136296	0.0000
直接效应	0.985143	0.220668	4.46437	0.0000
间接效应	1.01112	0.213548	4.73485	0.0000
Sobel 检验	中介效应显著			
间接效应 / 总效应	50.65%			

由表 5-16 可以看出，中国东部 11 个省（直辖市、自治区）的科技

金融对产业结构升级的总效应为 1.768861，且在 1% 的显著性水平下显著；中国东部 11 个省（直辖市、自治区）的科技金融对产业结构升级的直接效应为 0.830194，p 值为 0.00549，在 1% 的显著性水平下显著；中国东部 11 个省（直辖市、自治区）的科技金融对产业结构升级的间接效应为 0.938667，p 值为 0.00108，在 1% 的显著性水平下显著。检验系数在 1% 的显著性水平下为正，证明科技创新在科技金融与产业结构升级之间的中介效应是存在的，并且表现为正向效应。估算中介效应占比发现，科技创新作为科技金融作用于产业结构升级的路径，在此过程中发挥的中介作用效果为 0.938667，占科技金融政策整体效果的 53.07%，这意味着科技创新是科技金融作用于产业结构升级时很关键的一个变量，其影响力要大于科技金融的直接作用效果，因此可以认为科技创新可以作为科技金融推动产业结构升级的路径。

表 5-16　中国东部 11 个省（直辖市、自治区）Sobel 中介效应检验结果

效应	系数	标准差	Z 值	p 值
总效应	1.768861	0.92718	1.907786	0.02821
直接效应	0.830194	0.298976	2.77679	0.00549
间接效应	0.938667	0.287166	3.26873	0.00108
Sobel 检验	中介效应显著			
间接效应 / 总效应	53.07%			

研究结果表明，中国中部 9 个省（直辖市、自治区）的科技金融对产业结构升级的总效应为 5.96938，p 值为零，在 1% 的显著性水平下显著；中国中部 9 个省（直辖市、自治区）的科技金融对产业结构升级的直接效应为 2.53733，且在 1% 的显著性水平下显著；中国中部 9 个省（直辖市、自治区）的科技金融对产业结构升级的间接效应为 3.43205，

且在 1% 的显著性水平下显著。Sobel 检验系数在 1% 的显著性水平下为正，证明科技创新在科技金融与产业结构升级之间的中介效应是存在的，并且表现为正向效应。估算中介效应占比发现，科技创新作为科技金融作用于产业结构升级的路径，在此过程中发挥的中介作用效果为 3.43205，占科技金融政策整体效果的 57.49%，这意味着科技创新是科技金融作用于产业结构升级时很关键的一个变量，其影响力要大于科技金融的直接作用效果，因此认为科技创新可以作为科技金融推动产业结构升级的路径。

根据研究结果得出，中国西部 11 个省（直辖市、自治区）的科技金融对产业结构升级的总效应为 5.314851，p 值为零，在 1% 的显著性水平下显著；中国西部 11 个省（直辖市、自治区）的科技金融对产业结构升级的直接效应为 3.65084，且在 1% 的显著性水平下显著；中国西部 11 个省（直辖市、自治区）的科技金融对产业结构升级的间接效应为 1.664011，且在 1% 的显著性水平下显著。Sobel 检验系数在 1% 的显著性水平下为正，证明科技创新在科技金融与产业结构升级之间的中介效应是存在的，并且表现为正向效应。估算中介效应占比发现，科技创新作为科技金融作用于产业结构升级的路径，在此过程中发挥的中介作用效果为 1.664011，占科技金融政策整体效果的 31.30%，这意味着在中国西部地区科技创新不是科技金融作用于产业结构升级时的关键变量，其影响力要小于科技金融的直接作用效果，因此科技创新可以作为科技金融推动产业结构升级合理化的次要路径。

5.3.5　Bootstrap 检验模型

运用 Sobel 检验需要满足严格的假定条件，假定 ab 服从正态分布，且样本量足够大。但是这个假定条件一般情况下很难满足，因为即使a和b均服从正态分布，ab也很难服从正态分布，尤其当样本量不足时，ab的乘积也可能与正态分布存在较大差异。当前较为流行的检验方法为Bootstrap检验法。Bootstrap检验法不需要严格的假定条件，因此避免了假定ab服从正态分布这一前提，且Bootstrap检验法不需要计算统计量值，避免应用不同标准误公式，导致实证结果不一致的问题。运用模拟数据发现，相对于逐步检验法和Sobel检验法，Bootstrap检验法效力更高。因此，Bootstrap检验法是比较理想的中介效应检验法。Bootstrap检验法的原理是当ab不服从正态分布时，将自助抽样数据分布看作实际总体数据，并将其用于参数估计。Bootstrap检验法步骤如下。第一步，将一个容量很大的样本当作Bootstrap总体；第二步，从总体中有放回地抽取样本，可以得到一个Bootstrap样本；第三步，把第二步重复进行n次，可以得到n个Bootstrap抽样法样本，从而得到n个ab的估计值；第四步，将ab的估计值按从小到大顺序进行排列，其中2.5%分位点和第97.5%分位点就构成ab的一个置信度为95%的置信区间，同理，0.5%分位点和第99.5%分位点就构成ab的一个置信度为99%的置信区间。如果这个置信区间不包含零，则说明拒绝原假设，系数乘积ab在5%（或1%）显著性水平下显著；反之，则说明ab在5%（或1%）显著性水平下不显著。

由表5-17可以看出，中国31个省（直辖市、自治区）的科技金融水平对产业结构升级的直接影响为0.98514279，且95%分位数偏差置信区间并不包含零，因此该系数在5%显著性水平下显著；中国31个省（直辖市、自治区）的科技金融水平对产业结构升级的间接影响为1.0111209，且95%分位数偏差置信区间并不包含零，因此该系数在5%显著性水平下显著；因此，中国31个省（直辖市、自治区）的科技创新在科技金融与产业结构升级之间存在显著的中介效应。估算 Bootstrap 中介效应占比发现，科技创新作为科技金融作用于产业结构升级的路径，在此过程中发挥的中介作用效果为 1.0111209，占科技金融政策整体效果的 53.07%，这意味着科技创新是科技金融作用于产业结构升级时很关键的一个变量，其影响力要大于科技金融的直接作用效果，因此科技创新可以作为科技金融推动产业结构升级的路径。

表 5-17　中国 31 个省（直辖市、自治区）Bootstrap 中介效应检验

效应	系数	偏差	Bootstrap 标准差	95% 分位数置信区间	95% 分位数偏差置信区间
间接效应	1.0111209	−0.0054878	0.18535245	（0.6104133，1.339318）	（0.6193637，1.342744）
直接效应	0.98514279	−0.0077931	0.20717679	（0.5414485，1.349492）	（0.5499501，1.387529）

由表 5-18 可以看出，中国东部地区 11 个省（直辖市、自治区）的科技金融水平对产业结构升级的直接影响为 0.83019377，且 95% 分位数偏差置信区间并不包含零，因此该系数在 5% 显著性水平下显著；中国东部 11 个省（直辖市、自治区）的科技金融水平对产业结构升级的间接影响为 0.9386669，且 95% 分位数偏差置信区间并不包含零，因此该系数在 5% 显著性水平下显著；因此，中国东部 11 个省（直辖市、自治区）的科技创新在科技金融与产业结构升级之间存在显著的中介效应。估算 Bootstrap 中介效应占比发现，科技创新作为科技金融作用于产业结构升级的路径，在此过程中发挥的中介作用效果为 0.9386669，占科技金融政策整体效果的 53.066%，这意味着科技创新是科技金融作用于产业结构升级时很关键的　个变量，其影响力要大丁科技金融的直接作用效果，因此科技创新可以作为科技金融推动产业结构升级的路径。

表 5-18 中国东部 11 个省（直辖市、自治区）Bootstrap 中介效应检验

效应	系数	偏差	Bootstrap 标准差	95% 分位数置信区间	95% 分位数偏差置信区间
间接效应	0.9386669	-0.0098257	0.24113746	（0.3937789，1.413611）	（0.4020346，1.420392）
直接效应	0.83019377	-0.010634	0.25749648	（0.2775097，1.34524）	（0.2787783，1.350084）

由表 5-19 可以看出，中国中部 9 个省（直辖市、自治区）的科技金融水平对产业结构升级的直接影响为 2.5373318，且 95% 分位数偏差置信区间并不包含零，因此该系数在 5% 显著性水平下显著；中国中部 9 个省（直辖市、自治区）的科技金融水平对产业结构升级的间接影响为 3.43205，且 95% 分位数偏差置信区间并不包含零，因此该系数在 5% 显著性水平下显著；因此，中国中部 9 个省（直辖市、自治区）的科技创新在科技金融与产业结构升级之间存在显著的中介效应。估算 Bootstrap 中介效应占比发现，科技创新作为科技金融作用于产业结构升级的路径，在此过程中发挥的中介作用效果为 3.43205，占科技金融政策整体效果的 57.49%，这意味着科技创新是科技金融作用于产业结构升级时很关键的一个变量，其影响力要大于科技金融的直接作用效果，因此科技创新可以作为科技金融推动产业结构升级的路径。

表 5-19 中国中部 9 个省（直辖市、自治区）Bootstrap 中介效应检验

效应	系数	偏差	Bootstrap 标准差	95% 分位数置信区间	95% 分位数偏差置信区间
间接效应	3.43205	-0.03881844	0.5728203	（2.372596，4.620002）	（2.207968，4.510123）
直接效应	2.5373318	0.0212744	0.52830276	（1.481964，3.588359）	（1.37682，3.508342）

由表 5-20 可以看出，中国西部 11 个省（直辖市、自治区）的科技金融水平对产业结构升级的直接影响为 3.6508428，且 95% 分位数偏差置信区间并不包含零，因此该系数在 5% 显著性水平下显著；中国西部 11 个省（直辖市、自治区）的科技金融水平对产业结构升级的间接影响为 0.66401119，且 95% 分位数偏差置信区间并不包含零，因此该系数在 5% 显著性水平下显著；因此，中国西部 11 个省（直辖市、自治区）的科技创新在科技金融与产业结构升级之间存在显著的中介效应。估算 Bootstrap 中介效应占比发现，科技创新作为科技金融作用于产业结构升级的路径，在此过程中发挥的中介作用效果为 0.66401119，占科技金融政策整体效果的 15.39%，与东部和中部相比，西部地区科技创新不是科技金融作用于产业结构升级时很关键的一个变量，其影响力小于科技金融的直接作用效果，可能原因是中国西部地区科技创新不发达，未能成为科技金融与产业结构升级之间的关键中介变量。

表 5-20 中国西部 11 个省（直辖市、自治区）Bootstrap 中介效应检验

效应	系数	偏差	Bootstrap 标准差	95% 分位数置信区间	95% 分位数偏差置信区间
间接效应	0.66401119	−0.0393755	1.0454254	（−1.646212，2.620159）	（−1.354572，2.784305）
直接效应	3.6508428	0.0423297	1.2575063	（0.9853693，6.048851）	（1.419356，6.438042）

5.4 本章小结

本章首先运用因子分析模型，分别提取中国 31 个省（直辖市、自治区）2011—2019 年产业结构升级、科技金融、科技创新的度量指标，并描述了结构升级、科技金融、科技创新，以及投资规模、人力资本、地区经济发展水平和外商直接投资等控制变量的数据特征。其次构建面板数据模型，分别运用豪斯曼检验和辅助法回归确定面板数据模型运用固定效应模型还是随机效应模型，根据实证结果，采用固定效应面板数据模型。最后采用三种中介效应模型：逐步回归检验模型、Sobel 检验模型和 Bootstrap 检验模型，三种检验模型均认为全国及东、中、西部地区科技创新在科技金融与产业结构升级之间存在显著的部分中介效应。

第6章 CHAPTER6

结论、对策建议及展望

本章在前面章节研究的基础上，对本书的研究内容进行一个简要的总结，并根据中国科技金融、科技创新和产业结构升级的现状和本书实证结果，对中国科技金融、科技创新与产业结构升级的发展提出相应的对策建议，并针对研究存在的主客观局限性对未来相关研究提出了展望。

6.1 结论

本书基于理论与实证两个视角研究科技金融、科技创新与产业结构升级之间的关系。在理论分析部分，通过梳理科技金融理论、科技创新理论和产业结构升级理论，进而分析了科技金融、科技创新对产业结构升级影响的作用机制和路径。科技金融对科技创新起影响作用的机制和路径主要有资金支持、降低风险、资源重配、监督与激励四种路径；科技金融对产业结构升级起影响作用的机制和路径主要有对创新成果转化的促进、对产业价值的提升、对产业规模的扩张三种路径；科技创新对产业结构升级起影响作用主要促使产业集聚效应的形成；科技创新在科技金融与产业结构升级之间起部分中介作用。

在实证分析部分，本书对与科技金融、科技创新、产业结构升级相关文献进行了深入且系统的研究，在此基础上，科学合理地界定并衡量了科技金融、科技创新和产业结构升级，针对三者之间的关系提出了本书的理论模型：因变量为产业结构升级，自变量为科技金融，中介变量为科技创新。选取2011—2019年中国31个省（直辖市、自治区）（因数据缺失，不包括港澳台地区）的面板数据，通过运用Stata15、SPSS24和R统计软件对中国31个省（直辖市、自治区）的样本数据进行了实证研究，探究了科技金融、科技创新对产业结构升级的影响路径和机制，将科技创新作为中介变量探讨科技创新在科技金融促进产业结构升级过程中的传导作用，以及根据中国经济发展水平，将中国分为东部、中部和西部进行区域异质性的分析。基于全国层面和区域层面得到如下结论。

第一，科技金融、科技创新和产业结构升级水平均逐年提高。本书采用全国及东、中、西部地区政府财政科技支出、政府财政科技支出与财政支出的比值、创业风险投资额、R&D人员全时当量等指标度量科技金融，研究发现，中国全国及东、中、西部地区政府财政科技支出、政府财政科技支出与财政支出的比值、创业风险投资额、R&D人员全时当量等指标均呈显著上升趋势，但是中国东、中、西部地区上升趋势有所不同，说明中国东、中、西部地区科技金融发展水平态势良好，但存在区域异质性。同时，中国东部地区科技金融发展水平明显高于中、西部。

本书采用全国及东、中、西部地区专利授权数量、新产品销售收入、技术市场成交额等指标度量科技创新，研究发现，中国全国及东、中、西部地区专利授权数量、新产品销售收入、技术市场成交额等指标均呈显著上升趋势，但是中国东、中、西部地区上升趋势有所不同，说明中国东、中、西部地区科技创新发展水平呈现良好态势，但存在区域异质性。

本书采用全国及东、中、西部地区第一产业占比、第二产业占比、第三产业占比，第一产业就业人员占比、第二产业就业人员占比、第三产业就业人员占比，全社会固定资产投资等指标度量产业结构升级，研究发现，中国全国及东、中、西部地区第一、二产业占比、第一、二产业就业人员占比均呈现下降趋势，第三产业占比、第三产业就业人员占比、全社会固定资产投资等指标均呈显著上升趋势，但是中国东、中、西部地区上升趋势有所不同，说明中国东、中、西部地区产业结构升级呈现良好态势，但发展水平存在区域异质性。

第二，科技金融对产业结构升级有显著的正向影响。本书运用固定效应面板数据模型，研究科技金融对产业结构升级的影响。本书运用因子分析模型将公共科技金融和市场科技金融综合为一个因子；运用因子分析模型将产业结构升级高级化和产业结构升级合理化综合为一个因子，研究发现，科技金融对产业结构升级起显著的正向影响作用。科技型企业尤其是中小科技型企业具有资源投入较高，同时面临的风险也较高等特征，导致融资渠道受到限制，尤其是传统的融资模式与科技型企业不相适应。为了帮助中小型科技企业融到足够的资金，中国各级政府积极引导科技资源与金融资源的融合，促进科技与金融的结合。中国政府帮助科技型中小企业融资的模式主要有成立科技贷款公司，开办科技银行或者在银行内部成立科技贷款部门，建立专项资金用于扶持科技型中小企业等。以高技术企业为例，科技金融对企业和投资者均有益处，对于企业来说，企业的科研活动更容易获得资金支持；对于投资者来说，可以分散和控制投资者面临的风险。因此，科技金融的发展提升了高技术企业获得的资金支持水平，高技术企业增加了对科技活动的支持力度，进而促进了产业结构升级。

第三，科技金融对科技创新有显著的正向影响。本书运用固定效应面板数据模型，研究科技金融对科技创新的影响，研究发现，科技金融对科技创新起显著的正向影响作用。企业在进行科技创新活动中会面临各种各样的困难，如需要大量的资金支持、各种可控或不可控的风险、企业和投资者（或投资机构）之间的信息不对称等问题，对于科技创新活动遇到的这些问题科技金融均可有效的解决。科技金融对科技创新起影响作用主要通过三种方式：一是科技企业面临的融资难问题，通过科技金融来扩大企业融资渠道，提升企业融资规模等方式予以解决；二是企业在科技创新过程中会遇到各种可控或不可控的风险，均可通过科技金融中的科技保险将这些风险进行分散和控制；三是科技创新活动中面临的一个重要问题是信息不对称，科技金融可以有效解决信息不对称问题，科技企业可以通过各种中介机构和科技金融信息平台获取自己所需信息。因此，科技金融既可以对科技创新活动面临的风险进行有效控制和分散，还可以对科技创新活动进行资金支持。

第四，科技创新对产业结构升级有显著的正向影响。本书运用固定效应面板数据模型，研究科技创新对产业结构升级的影响。研究发现，科技创新对产业结构升级起显著的正向影响作用。

在当今全球化、知识化和信息化的背景下，中国科技型企业将面临越来越激烈的竞争，科技型企业要想将竞争劣势转变为竞争优势，并将竞争优势保持下去，一定要拥有核心技术。科技型企业竞争优势的源泉就是科技创新，科技创新既可以有效降低成本，也可以提升资源利用率。以高技术企业为例，高技术企业的显著特征是以提升技术创新为主，高技术企业经济效益的主要来源是科技创新能力，同时衡量高技术企业是否具有发展前途的标准也是科技创新能力。

第五，科技创新在科技金融对产业结构升级的影响中起部分中介作用。本书运用三种检验模型：逐步检验模型、Sobel检验模型和Bootstrap检验模型，研究科技创新在科技金融对产业结构升级的影响的中介作用。研究发现，科技创新在科技金融对产业结构升级起显著部分中介作用。但是科技创新在科技金融与产业结构升级之间的中介作用在中国东、中、西部具有区域异质性，其中在全国、东部地区、中部地区，科技创新在科技金融与产业结构升级之间的中介作用高于科技金融对产业结构升级的直接作用；而在西部地区，科技创新在科技金融与产业结构升级之间的中介作用低于科技金融对产业结构升级的直接作用，其可能存在的原因是西部地区大部分属于经济欠发达地区，科技创新发展水平较低，导致科技创新未能成为科技金融影响产业结构升级的主要路径。

与传统的、旧的融资模式相比，科技企业利用科技金融进行融资会更便利，并且融到的资金主要用于促进企业的科技创新。高技术企业具备两个显著的特征：即知识密集和技术密集，高技术企业表面上是对劳动力进行投资，但本质上是对企业的科技创新活动进行投资，即科技金融资源首先对科技创新起影响作用，促进企业科技创新能力的提升，最终优化产业结构。科技创新在科技金融与产业结构升级之间起部分中介影响作用，因此科技金融对产业结构升级的影响作用部分是通过科技创新的中介作用实现的，但是该中介作用是部分中介作用，科技金融对产业结构升级的影响作用还有其他渠道。

第六，控制变量对产业结构升级水平起显著影响作用。中国31个省（直辖市、自治区）的全社会固定资产投资、高校生师比、地区经济发展水平和外商直接投资均对产业结构升级起显著影响作用。但是控制变量对产业结构升级的影响在中国东、中、西部地区呈现区域异质性。与中、西部地区相比，外商直接投资对东部地区产业结构升级影响更显著、系数更大；全社会固定资产投资对中部地区产业结构升级的影响作用更大，因此中部地区应继续加大全社会固定资产投资；西部地区产业结构升级水平较低，目前还处于追赶阶段，中、西部地区应努力缩小甚至赶超东部地区产业结构升级水平，实现产业结构升级的均衡发展。

6.2 对策建议

提高科技金融发展水平、促进科技创新是推动产业结构升级、实现新旧动能转换的根本动力，科技金融作为科技创新领域的重要制度性安排，研究其对创新的支持效果及支持路径具有重要的现实指导意义。前面通过对科技金融、科技创新和产业结构升级的理论分析和实证分析，认为科技金融的发展对科技创新和产业结构升级起到了一定的促进作用。本书的研究结论具有一定的政策启示和实践意义。与此同时，可以看出科技金融对科技创新和产业结构升级的效应仍有提升空间。

本节首先针对中国科技金融发展水平、科技创新发展水平及产业结构升级水平给出相应的对策建议，然后根据科技金融、科技创新及产业结构升级的关系，基于全国层面和各区域层面分别给予以下对策建议。

6.2.1 基于科技金融的政策建议

前面内容表明科技金融对科技创新、产业结构升级均起正向影响作用，因此要重视科技金融的推动作用，完善科技金融体系。在中国科技金融体系建设过程中，增加对科技方面的财政支出是政府采取的必要措施。然而由于财政资金的有限性，科技金融体系的核心是风险投资与科技资本市场，应加大对二者发展的扶持力度，促进风险投资与科技资本市场协同发展。作为当前金融资本配置的重要主体——银行，应通过构建有效的风险分散机制，实现其资本配置的创新导向，将银行科技信贷培育成科技金融资金供给的重要支撑。同时，应基于全国层面建立完善的科技金融服务体系，中国一些地级政府已建立科技金融服务平台，但这些服务平台均处于各自独立运行的状态，相互之间联系较少，需要在全国层面上构建统一的科技金融服务平台。为了便于统一管理科技金融相关事务，需要有专门的部门用于管理科技金融相关工作，基于科技金融工作管理部门，构建用于服务全国科技金融工作的平台，对科技金融进行统一管理，使其更好地促进科技金融的发展。除此以外，为科技金融、科技创新和产业结构升级的发展还需要对财政科技投入、金融机构功能、创业风险投资机制、科技金融环境进一步完善。

1. 加大财政科技投入

财政科技支出是科技金融发展的一个重要资金来源。科技与创新的发展需要大量的资金，政府要发挥主体作用，既要加大政府财政在科技与创新方面的投入，也要积极引导风险投资资本和民间资本进入科技与创新领域。并且需进一步完善财政科技支出体系，同时针对政府财政在科技与创新的支出无论是总量还是相对量方面均应加大投入，发挥政府在科技金融市场的监管作用，提高财政科技投入资金的使用效率。提高财政支出中科技拨款的比重，确保政府科技投入的增长明显高于财政经常性收入增长；优化财政科技投入方向，合理配置科技资源，使有限资金产生最大效益；完善财政科技投入管理机制，实现从科学预算、资金监管到绩效评价的全过程优化管理。

财政对科技企业的支持除了直接的科技经费投入外，还要与时俱进，不断更新向企业投资的模式。政府主要采取财政支出的直接方式，还可以开展提供税收优惠、进行财政贴息、提供贷款担保和政府采购等间接补助措施。但是，大多数间接补助措施的实施效果并不理想，只有税收优惠政策取得了较好的实施效果。因此，需对间接补助措施进一步完善及持续创新，加大对科技企业的支持力度，提高财政科技投入的占比及效率。

2. 完善金融机构功能

第一，可以成立专门的科技金融机构，或者在传统金融机构内部成立专门的科技金融部门，科技金融机构（或部门）根据企业类型的差异、企业发展阶段的不同，提供相应的贷款渠道和政策，提高金融机构服务水平和效率，拓宽金融机构服务渠道，完善金融机构功能。

第二，中国金融机构根据企业具有的不同特点，或者不同需求，开发新型产品，如科技信贷保险产品等，提升企业的融资渠道，满足企业不同的融资需求，为企业提供个性化服务。

第三，构建金融机构科技信贷风险分散功能，为保证科技企业及时准确得到科技贷款，需进一步完善科技贷款监管机制。由于科技企业的特殊性，应制定一套与科技企业搭配的风险评估制度和贷款审批标准，构建金融机构与担保机构合作机制，降低金融机构科技信贷风险。

第四，为保证科技企业及时得到科技贷款，还要完善科技贷款担保制度。无论是商业性担保公司还是政策性担保公司均可为科技企业提供担保服务，要加强科技担保在科技金融中的作用。

第五，对于企业面临的信息不对称问题，科技金融服务平台可以有效解决，因此应构建并完善科技金融服务平台，使科技金融的供给主体和需求主体及时准确地获取相关信息，对科技金融市场情况有充分的了解。政府部门需对科技金融服务平台起监督指导作用，提升科技金融服务平台的运行效率，科技金融服务平台起到提高信息透明度、提高资源配置效率的作用，为科技金融主体提供各种信息交流和查询服务。

第六，科技金融的发展不仅需要自身的运作，还需要其他机构的配合。因此，要进一步完善相关配套体系，为科技金融提供多样化的服务，以及对其他机构进行引导和鼓励。

3. 完善创业风险投资机制

第一，应完善创业风险投资体系，并加强风险投资机构与民间资本、企业的联系，同时要增加风险投资机构规模。对初始阶段的科技企业应更加重视，同时可将国外创业风险投资的典型管理模式与自身情况相结合，完善管理模式，健全企业发展机制，共同促进科技企业和风险投资机构的协同发展。

第二，持续完善与风险投资相关的法律法规，促进中国风险资本的发展，如完善创业投资运作机制、建立完善的知识产权体系等。

第三，持续优化高效的风险资本退出机制，促进中国风险投资的发展。只有高效合理的风险资本退出机制，才能提高风险资本使用效率。

第四，促进科技资本市场与风险投资协同发展。树立“创新导向型”的资本市场新理念，优先支持科技型企业上市，简化发审程序，缩短企业上市周期，扩大科技资本市场规模，为风险投资提供利润最大化的退出渠道。通过设立政府创业投资引导基金并实施财税激励政策，促进风险投资发展，为科技资本市场提供高成长性的优秀上市公司。

4. 完善科技金融环境

第一，基于提升人力资源水平的视角，可以提供优厚的人才奖励机制、科学合理的科研能力评价指标、完善的培训和出国交流机制，持续培养科技企业所需的高科技人才。

第二，为了将政府颁布与科技金融相关的信息及时传达到相关科技金融主体，同时降低科技金融相关主体面临的信息不对称风险，为相关主体提供专业合理的信息，持续构建优化科技专家咨询平台，将高科技人才组织起来构建一支优秀管理团队。

第三，政府部门作为国家机构，获取信息的渠道更广也更便利，凭借这种优势，政府可以持续建立、优化信息服务平台，并将信息提供给有需要的科技企业，并对企业的融资进行支持。

第四，应积极提升金融机构内部人员的业务能力。例如，通过鼓励金融机构相关人员参加相关的培训和交流等工作，金融机构应积极向科技企业提供财务和风险方面的对策建议。

6.2.2 基于科技创新的政策建议

1. 充分发挥政府对科技创新的引导作用

第一，国内外实践证明，在区域科技创新过程中，政府的法律政策、资金投入及管理能力等都对创新活动产生积极影响。充分发挥政府的主导作用，做好科技创新与科技金融协调发展的整体规划，搭建科技金融与科技创新深度融合的平台，从而促进二者高水平协同发展。

第二，正确认识政府政策调控和市场自动调节的互补关系。不仅要将财政资源更多地向科技创新产业倾斜，还要注重提升金融市场资源的配置效率，在最大程度上为科技创新提供良好的外部环境。另外，要以市场需求为依托，提高科技成果转化率，带动产业不断向全球价值链高端迈进，实现产业结构整体的优化升级。

第三，政府对创新项目的发展主要起直接和间接影响作用。直接影响作用表现在，制定对创新项目起直接影响作用的政策和法规；间接作用表现在，向创新项目引导资金。因此政府在发挥好带头作用的基础上，努力创设和营造有利于科技创新的制度和环境。

第四，政府继续加大科技投入力度。未来可以通过税收优惠、财政补贴、科技成果市场化和产业化奖励及设立创新基金等各种措施，不断加大财政资金对企业科技创新的支持力度。

2. 优化科技创新发展环境

科技创新活动对外部环境具有较高的要求，外部环境对科技创新有重要的支持作用。为了提升科技创新水平，政府应做好以下几点。第一，应首先从制度上明确企业的主体地位，并为企业提供制度保证；第二，对于典型的自主创新企业应予以表彰，对于自主创新企业除了鼓励，还应该在资金和政策上予以支持，减少企业对国外先进技术的依赖，增加企业的研发投入，提升企业的自主创新能力，提高企业的效率和产品质量；第三，除了要提升企业的技术创新水平，也要提升企业的管理创新水平，将技术创新和管理创新紧密结合，同时紧跟市场需求，迎合消费者的需要；第四，教育体制需进一步变革和完善，构建新型的人才培养体系，提高创新型企业人员的科研水平；第五，为提高企业科技人员科研水平，企业应与高等院校、科研机构等联合起来，开展相关的培训和进修工作，或者提供国外访学和进修交流的机会，对于世界发达国家的技术，应积极引进，将技术引进与自主创新结合起来；第六，政府除了对科技企业提供软件支持，还要提供硬件支持，如积极引进国外先进设备、收购国外先进的生产线等。

3. 创新财政资金引导作用，建立统一工作机制

作为企业的引导者和监管者，政府的作用是当市场失灵时，政府财政资金可以弥补市场的不足，引导财政资金的有效投入，扩张科技型企业的融资渠道，使融资成本最低化、效率最大化，从而有效地降低市场的信息不对称等问题。所以创新政府资金对科技企业的扶持方式，优化科技计划项目经费资助结构，引导各类社会资本参与实施科技创新，增强财政投入的引导作用和放大效应。例如，对于强度较大、创新程度较高、较难在短期内为企业带来经济效益的科技成果，可以采取政府购买的政策以提高财政资金的使用效益。

4. 加快完善科技创新体制

第一，加大基础研究投入。中国在基础科学研究方面综合实力较强，但长期以来这些优势没能充分发挥出来，原因主要在于资金投入不足，所以必须动员包括财政和其他社会资金在内的各种力量，设立基础研究基金，通过多元化的投入拓展研究空间，不断提高基础研究与科技创新发展的融合程度。

第二，进一步推动产学研的深度融合。中国高等院校和科研机构资源丰富，要实现科技创新与科技金融的高水平协调发展，还需要高等院校、科技企业和科研机构等联合起来，加强合作。中国有些地区已建立了创新驱动共同体联盟，致力于打造校企共建的新型研发平台，在推进

产学研深度融合的道路上做出了大胆和有益的尝试。在已有的发展基础上，还需要通过完善激励政策、实行税收优惠、建立专项基金等举措，给予创新主体更多的自主权和发展空间，鼓励更多的科研部门、企业和投资机构加入创新平台，不断拓展合作领域、提高研发能力，实现产学研联盟在规模和空间上的不断突破。

5. 降低科技创新风险

创新服务方面，虽然科技金融服务机构近年来有所增加，但是有针对性的服务体系仍需完善，科技创新过程是伴随高风险的过程，应完善科技保险保费资金支持机制，充分发挥科技保险分散、转移、规避风险的作用，促进企业和研发机构加大研发投入，鼓励科技企业与风险投资机构购买相应的保险，对购买保险的科技型企业，可以进行一定的保费补偿。

6. 科技创新的区域性差异政策

中国东部地区科技创新发展水平与中、西部地区科技创新发展水平相比，东部地区处于较高水平，而中、西部地区处于较低水平，因此中、西部应加速提升科技创新水平，积极引进科技创新人才，建立相应的科技机构，以此集聚科技创新资源。中、西部地区应结合自身的具体情况，挖掘自身优势和自身资源，形成自己独特的发展模式，在国家政策支持的基础上，积极培养科技创新人才。中、西部地区内部科技创新发展也存在不均衡现象，个别省份科技创新发展水平较高，这些省份应积极带动所在地区其他科技创新发展水平较低的省份，利用自身的地理位置优势，共享科技创新成果，促进科技人才在各地区的流动。

加强科技创新型人才队伍建设。中、西部虽然有较充足的高校资源和科技工作人员，但具有高端领军作用的人才仍较为缺乏，而且还存在较明显的人才流失现象，为此，西部要健全人才培养机制，有针对性地培养高素质的科技创新型人才，同时为构建高效且合理的激励机制，应科学制定人才评价标准，对传统的评价方式进行更新和变革，营造良好的工作氛围和工作环境，稳定现有的人才队伍，并不断引进高素质人才。中央政府对中、西部的支持应加大力度，为支持中、西部各省市科技创新活动，政府应加大投入人力和物力。中、西部地区应大力引进高端科技创新型人才，对中、西部地区科技创新活动提供足够的人力资源，构建中、西部科技金融与科技创新的联合互动机制，提升国家整体产业结构升级水平。

6.2.3 基于科技金融、科技创新与产业结构升级关系的政策建议

本书运用理论分析和实证分析方法，对科技金融、科技创新与产业结构升级之间的关系进行了深入研究，并获得了一些有意义的结论，针对科技金融与科技创新的关系、科技金融与产业结构升级的关系、科技创新与产业结构升级的关系，科技金融、科技创新与产业结构升级的关系等相关结论，提出如下对策建议。

1. 针对科技金融与科技创新关系的对策建议

第一，为了更好地促进中国 31 个省（直辖市、自治区）产业结构升级，政府应当积极促使中国 31 个省（直辖市、自治区）将科技与金融二者紧密结合起来，促进科技金融水平的快速发展，科技企业发展和创新所需的资金均可由科技金融提供。科技创新发展需要良好的外部政策环

境，中国各级政府应努力创造适合科技创新发展的外部政策环境。同时政府各部门还需协调好工作任务，避免工作重合，有效加快科技金融及科技创新的工作发展。

第二，建立并完善科技金融公共服务平台，通过规范企业信息披露、完善贷款风险补偿、做大产权交易市场等，为科技企业提供更加多元化、多层次的投融资服务，提高商业银行、风险投资机构等金融投资主体对科技创新项目的筛选和风险管理能力。

第三，推动第三方咨询评估机构的发展。科技创新能力的提升和科技金融的发展离不开高水平的科技咨询和评估机构的支持，因此推动科技创新与科技金融的协调发展，需要推动技术咨询机构、资产评估机构、知识产权评估机构、金融风险评估机构等中介机构的发展。这些第三方中介服务机构，通常不直接参与市场交易，但能够为企业提供客观公正、高效专业的咨询和评估服务，对于加速科技成果转化、强化企业科技创新的风险防范能力以及提高科技企业的融资效率等都具有非常积极的作用。

第四，科技企业的融资以银行贷款和内部融资为主，资本市场提供的资金支持相对不足，风险投资增长不稳定，商业银行对科技创新的投资回报率较低，这些因素导致科技金融发展水平与中国科技创新发展水平不相适应，科技金融发展水平滞后于科技创新发展水平，市场科技金融对科技创新的支持作用无法有效发挥。因此要不断完善以商业银行、资本市场和风险投资为主体的多层次金融市场体系，尤其是要重视加大资本市场和风险投资市场的建设力度，设立资本市场发展引导基金和科技风险基金，培育更多创新型企业在创业板、新三板及科创板的上市融资，引导包括民间资本和国外资本在内的多渠道资本进行科技投资。同时要加快金融创新，通过金融产品、金融技术和金融服务等方面的不断创新，为科技创新活动提供更有效的支持。

第五，由前面内容可知，与中、西部相比，东部地区的科技金融、科技创新发展水平明显更高，尤其是北京市、上海市、广东省、江苏省和浙江省等经济发达地区，这些地区应发挥领导作用，在以下几个方面做好指引作用：分散和管控科技创新面临的风险、构建高效科技资本市场体系、提升创投资金的地位、扩大融资渠道等。东部地理位置优越、交通发达、科技创新优势明显、高端科技人才众多，这些优势应该充分发挥，不断提高企业自主创新能力，对中、西部地区起引导和带动作用。中国东部地区包括众多省市，内部之间竞争也比较激烈，应该提倡良性竞争，避免东部地区内部恶性竞争，防止资源过度浪费。同时，东部地区应加强与中、西部地区的交流与合作，发挥好带头作用。

2. 科技金融与产业结构升级的关系

第一，加大对科技金融发展的支持力度，进一步形成多元的金融市场主体和便利的金融服务体系。要结合地区区位优势、资源禀赋、产业发展目标、技术发展水平及产业之间的关联程度和互补性，将地区产业特征与科技金融政策紧密结合，带动产业链技术水平的整体提升，形成具有区域特色的科技金融发展模式。

第二，充分考虑区域经济发展特征及其发展的不平衡性，发挥科技金融优势。在保持东部地区产业结构优化升级进程的基础上，增强该地区的政策辐射作用和对中、西部地区的政策倾向，缩小区域产业经济发展差距，最大化释放政策红利，带动全产业链技术创新。

第三，基于全局视角，对于科技金融、科技创新和产业结构升级的发展，完善相应的政策和法规。同时，中国科技金融、科技创新和产业结构升级的发展水平存在区域异质性，因此应根据中国东、中、西部自身具体情况实施具有区域差异化的科技金融政策。

第四，中国中、西部地区应更注重金融机构的作用，为了进一步加强金融机构与科技企业之间的联系、降低信息不对称风险、降低中介成本，金融机构应成立专门的科技金融部门。中国中、西部地区也应注重政府的引导作用，为促进科技金融、科技创新与产业结构升级的发展，地方政府应采取如下四项措施：增加对科技企业的投入；将资源引向科技企业；对科技企业的创新活动给予税收优惠，并给予相应的补贴；完善激励政策和吸引高端科技人才来到中、西部地区。中、西部地区对科技金融、科技创新与产业结构升级的协同作用机制应予以重视，针对中、西部地区的具体情况，营造出独特的中、西部地区科技金融发展环境，进一步促进科技创新的发展，进而促进产业结构升级。

3. 科技创新与产业结构升级的关系

政府的政策支持及创新资助能够提升地区科技创新水平，推动产业结构优化升级，政府需进一步加大科技创新支持力度，加强鼓励与引导，并积极有效地推动科技创新驱动发展战略，对于科技创新保持足够的“耐心”，对科学研发中部分研究时间较长、风险较高的技术开发活动给予持续的政策资金支持，优化要素配置，并通过搭建协同创新平台，营造协同创新合作环境，激发各类创新主体的主动性、积极性，使得科学研究创造的新知识能够迅速有效地市场化和商业化，切实提高地区自主创新能力，促进新兴产业发展，优化产业结构，以实现经济高质量发展。

4. 科技金融、科技创新与产业结构升级的关系

第一，在不同的科技创新水平下，科技金融发展水平对产业结构

升级的影响作用程度不同，积极提升各省对科研成果的转化能力，同时需要政府协调好各方面工作，如创造良好的外部环境，使其有利于科技创新活动；对于高端的科技人才要加大引进力度；在提升科技创新效率方面下足功夫等，总之对科技创新有益的活动均应加大投入和支持力度，促进中国科技创新能力的提升，进而实现产业结构的升级优化。

第二，对于科技创新在科技金融与产业结构升级之间的部分中介效应应最大化，同时对于产业结构高级化和产业结构合理化之间的关系，应促使二者协同发展，并进一步增加二者的协调性。为了实现产业结构由高级化升级到产业结构合理化，基于全局视角，政府需持续发挥宏观指导作用，对于科技创新所需的劳动力和资本应持续投入。具体操作如下：一是政府采取投入资源、创造良好环境、完善相关制度和法规等方式鼓励人力资源和资本资源投向高技术产业，进而促进产业结构升级。二是产业结构升级既需要资金支持也需要技术支持，因此政府与企业需加强合作，同时应保持“产学研”之间联系通道的畅通。三是高端科技人才可以为产业结构升级提供强大的人力资源支持，因此各级政府要培养更多高端科研人才，对于高端人才应给予更好的政策和更好的待遇，同时要加强全国各地人才的流通。四是地方政府要根据当地的具体情况，制定科学合理的政策和法规，在保证效率的前提下，合理优化产业结构，使产业结构升级的反馈机制发挥最大作用，将各种生产要素由传统的、旧的产业流向绿色的、高效的新兴产业。

第三，加强科技金融、科技创新与产业结构升级协调发展。中国经济转型是否成功，科技创新和产业结构升级起决定性的作用。而科技金融在一定程度上决定着科技创新的发展趋势，因此政府需确保科技金融、科技创新与产业结构升级三者协调发展，需最大化地发挥科技金融和科技创新的作用，促进产业结构升级。针对传统落后的金融体系，科技金融机构应积极予以革新，拓宽服务领域，对于不同发展阶段科技企业的融资需求，科技金融应对传统的贷款方式进行变革，如运用“金融租赁”等方式，同时为了降低科技企业的风险管理成本和信息成本，应采用最新的区块链技术等。银行和风险投资机构等金融机构应建立互相补充和协调发展的关系，在金融产品和服务等方面进行积极创新，对于科技创新所需的高端人才和金融资源，科技金融均应予以支持，科技创新的中介作用可以充分发挥，从而促进产业结构升级。同时政府要持续完善相关的制度和法规，如完善创新制度，确保市场良好运行，为科技金融促进科技创新水平、科技创新促进产业结构升级、产业结构升级反过来促进科技金融与科技创新水平的提升。

第四，中国东、中、西部地区的经济发展仍处于极度不平衡状态，前面章节对中国全国及东、中、西部地区的科技金融、科技创新和产业结构升级的现状进行了深入研究后发现，由于区域经济发展水平的差异和资源的不匹配等因素，中国东、中、西部科技金融、科技创新和产业结构升级具有地域异质性，同时科技金融、科技创新与产业结构升级之间的作用机制、作用路径和影响程度也存在区域异质性。当前，迫切需要解决中国东、中、西部科技金融、科技创新、产业结构升级的不平衡。对于科技金融、科技创新与产业结构升级之间存在的差异性，中国东部、中部和西部地区应该予以重视。为了促进中国东、中、西部协同和平衡发展，东、中、西部应加强合作，针对科技金融、科技创新与产业结构升级存在的共性问题，建立合作关系予以解决；各地方政府在制定政策时，既要遵循国家的相关政策同时也要考虑自身的具体发展状况，提出有利于科技和金融融合发展的建议。因此，国家应基于全局的考虑，引导科技金融资源在东、中、西部地区进行合理且有效的配置，缩小东、中、西部地区科技金融、科技创新与产业结构升级发展水平存在的差距，促进东、中、西部地区协调发展。

第五，各地区的经济活动通常具有一定的空间相关性，地方政府应基于整体视角，对相关政策进行完善，不能仅考虑政策对本地区的影响，还需要关注周边地区的发展政策，打破地方保护的市场壁垒，消除地区间要素流动、知识溢出的体制机制障碍，加强区域合作创新，整合区域资源优势，推动区域产业结构优化升级。

6.3 展望

本书对科技金融、科技创新与产业结构升级之间的关系进行了中介效应检验，得出了一些有益结果，但由于能力和精力的限制，没有进一步深入分析。为了更深入地研究科技金融、科技创新对产业结构升级的影响机制和路径，对后续研究提出以下几点建议。

1. 指标选取

中国科技金融、科技创新和产业结构升级的度量，国内外学术界并没有构建一个通用的完备框架，度量标准也多种多样，并未统一，针对框架和标准需要进一步深入研究，使其日益完善。本书对科技金融、科技创新与产业结构升级度量的相关文献进行了深入研究，在此基础上，结合中国科技金融、科技创新与产业结构升级现状，对科技金融、科技创新与产业结构升级进行了测度。但是存在主客观条件的限制——客观限制条件是有些数据无法获得、主观限制条件是个人能力和学识的不足，无法取得恰当的度量指标，导致科技金融、科技创新与产业结构升级指标度量不够准确。

2. 权重确定

已有文献大多运用熵权法综合评价指标，本书运用因子分析模型将科技金融、科技创新与产业结构升级指标进行降维，综合成评价指标，熵权法和因子分析模型区别不大，均运用数据波动幅度、相关性描述数据信息的大小和相关关系。熵权法和因子分析法均属于客观评价法，客观评价法只能利用数据本身的信息，无法利用数据以外的信息。建议在后续研究中，科技金融、科技创新与产业结构升级度量指标权重的确定，应将主观赋权法和客观赋权法相结合，既利用数据本身的信息，也利用数据以外的信息，如融入相关专家学者的见解，使综合评价指标更为准确。

3. 数据选取

本书运用的相关数据，主要来自 2011—2019 年的《中国统计年鉴》和《中国科技统计年鉴》，部分缺失数据来自《中国城市统计年鉴》及各省统计年鉴，但是仍有部分数据缺失，导致对科技金融、科技创新与产业结构升级的测度不够精确；实证分析部分，部分控制变量无法获取，导致实证分析结果不够完善。

参考文献

[1] King R G, Levine R. Finance, Entrepreneurship and Growth [J]. Journal of Monetary Economics, 1993, 32 (3).

[2] Carlota Perez. Technological Revolutions and Financial Capital [M]. Vilnius: Edward Elgar Publishing, 2002.

[3] 赵昌文，陈春发，唐英凯. 科技金融：Sci-tech Finance [M]. 北京：科学出版社，2009.

[4] 房汉廷. 关于科技金融理论、实践与政策的思考 [J]. 中国科技论坛，2010 (11).

[5] 段世德，徐璇. 科技金融支撑战略性新兴产业发展研究 [J]. 科技进步与对策，2011 (14).

[6] 周昌发. 科技金融发展的保障机制 [J]. 中国软科学，2011 (3).

[7] 胡援成，吴江涛. 科技金融的运行机制及金融创新探讨 [J]. 科技进步与对策，2012 (23).

[8] 文竹，文宗川，宿北燕. 基于 TRIZ 理论的科技金融创新模式研究 [J]. 科学管理研究，2012 (3).

[9] 洪银兴. 我国经济长期持续快速增长的动力因素分析 [J]. 辽宁大

学学报（哲学社会科学版），2012（1）.

[10] 李毅光，毛道维，倪文新. 政府主导型科技金融服务平台运行模式研究 [J]. 经济体制改革，2016（2）.

[11] 邵传林，王丽萍. 创新驱动视域下科技金融发展的路径研究 [J]. 经济纵横，2016（11）.

[12] 胡苏迪，蒋伏心. 科技金融中心发展模式的国际比较与启示 [J]. 新金融，2017（4）.

[13] 张明喜，魏世杰，朱欣乐. 科技金融：从概念到理论体系构建 [J]. 中国软科学，2018（4）.

[14] 张紫璇，赵丽萍. 各省科技金融发展、技术创新水平与经济增长的门限效应分析——基于2000—2015年的省际面板数据 [J]. 科技管理研究，2018（5）.

[15] 曹颢，尤建新，卢锐，等. 我国科技金融发展指数实证研究 [J]. 中国管理科学，2011（3）.

[16] 许汝俊，龙子午，姚逍遥. 基于DEA-Malmquist指数法的科技金融发展效率评价研究——以长江经济带为例 [J]. 科技管理研究，2015，35（13）.

[17] 薛晔，蔺琦珠，高晓艳. 中国科技金融发展效率测算及影响因素分析 [J]. 科技进步与对策，2017（7）.

[18] 黄瑞芬，邱梦圆. 基于Malmquist指数和SFA模型的我国科技金融效率评价 [J]. 科技管理研究，2016（36）.

[19] 杜金岷，梁岭，吕寒. 中国区域科技金融效率研究——基于三阶段DEA模型分析 [J]. 金融经济学研究，2016（6）.

[20] 毛茜，赵喜仓. 科技金融创新与我国经济增长效应研究——基于科技型中小企业发展视角 [J]. 科技进步与对策，2014（12）.

[21] 刘文丽，郝万禄，夏球．我国科技金融对经济增长影响的区域差异——基于东部、中部和西部面板数据的实证分析［J］．宏观经济研究，2014（2）．

[22] 张芷若，谷国锋．科技金融发展对中国经济增长的影响研究——基于空间计量模型的实证检验［J］．财经理论与实践，2018，39（4）．

[23] 熊彼特．经济发展理论［M］．叶华，译．北京：中国社会科学出版社，2009.

[24] Hicks J. A Theory of Economic History［M］. Oxford：Clarendon Press，1969.

[25] Freeman C. Innovation and Growth［M］. NewYork：Handbook of Industrial Innovation Press，1994.

[26] Romer P. Increasing Returns and Economic Growth［J］. American Economic Review，1986，94（5）.

[27] Romer P. Endogenous Technological Change［J］. Journal of Political Economy，1990，98（52）.

[28] King R G，Levine R. Finance and Growth：Schumpeter Might be Right［J］. The Quarterly Journal of Economics，1993，108（4）.

[29] Russu，Corneliu. Industrial Specialization of the European Union Member Countries［J］. Petroleum-gas University of Ploiesti Bulletin，2015，67（2）.

[30] 傅家骥．面对知识经济的挑战，该抓什么？——再论技术创新［J］．中国软科学，1998（7）．

[31] 上官绪明，葛斌华．科技创新、环境规制与经济高质量发展——来自中国278个地级及以上城市的经验证据［J］．中国人口·资源与环境，2020，30（6）．

[32] 郑坚，丁云龙. 高技术产业技术创新效率评价指标体系的构建 [J]. 哈尔滨工业大学学报（社会科学版），2007（6）.

[33] 孟卫东，王清. 区域创新体系科技资源配置效率影响因素实证分析 [J]. 统计与决策，2013（4）.

[34] 高阳，程启智. 科技投入与经济增长关系分析——基于山东的实验 [J]. 科技进步与对策，2014（21）.

[35] 王慧艳，李新运，徐银良. 科技创新驱动我国经济高质量发展绩效评价及影响因素研究 [J]. 经济学家，2019（11）.

[36] 孙祁祥，周新发. 科技创新与经济高质量发展 [J]. 北京大学学报（哲学社会科学版），2020，57（3）.

[37] Chenery H B，Syrquin M. Patterns of Development，1950—1970 [J]. African Economic History，1975（2）.

[38] 刘志彪. 发达国家技术创新与产业结构高度化的趋势 [J]. 南京大学学报（哲学·人文科学·社会科学版），2000（1）.

[39] Poon S C. Beyond the Global Production Networks：A Case of Further Upgrading of Taiwan's Information Technology Industry [J]. International Journal of Technology & Globalisation，2004，1（1）.

[40] 计保平. 产业结构调整绝不是"去工业化" [J]. 中国经济周刊，2014（7）.

[41] 李翔，邓峰. 科技创新与产业结构优化的经济增长效应研究——基于动态空间面板模型的实证分析 [J]. 经济问题探索，2018（6）.

[42] Kaplinsky R，Readman J. Integrating SMEs in Global Value Chains：Towards Partnership for Development [J]. Vienna Unido，2001（1）.

[43] Humphrey J，Schmitz H. How Does Insertion in Global Value

Chains Affect Upgrading in Industrial Clusters? [J]. Regional Studies, 2002, 36 (9).

[44] 陈荣耀. 进口替代Ⅲ期与中国产业升级 [J]. 社会科学, 2009 (4).

[45] 张明志, 李敏. 国际垂直专业化分工下的中国制造业产业升级及实证分析 [J]. 国际贸易问题, 2011 (1).

[46] 刘仕国, 吴海英, 马涛, 等. 利用全球价值链促进产业升级 [J]. 国际经济评论, 2015 (1).

[47] 余东华, 田双. 嵌入全球价值链对中国制造业转型升级的影响机理 [J]. 改革, 2019, 301 (3).

[48] 林毅夫, 孙希芳, 姜烨. 经济发展中的最优金融结构理论初探 [J]. 经济研究, 2009, 44 (8).

[49] 郭晨, 张卫东. 产业结构升级背景下新型城镇化建设对区域经济发展质量的影响——基于 PSM-DID 经验证据 [J]. 产业经济研究, 2018, 96 (5).

[50] 陈德余, 汤勇刚, 张绍合. 产业结构转型升级、金融科技创新与区域经济发展实证分析 [J]. 科技管理研究, 2018, 409 (15).

[51] 周建军, 孙倩倩, 鞠方. 产业结构变迁、房价波动及其经济增长效应 [J]. 中国软科学, 2020 (7).

[52] Schwartz, Charles A. Managing Technological Change: Strategies for College and University Leaders (Book Review) [J]. Journal of Academic Librarianship, 2000 (1).

[53] Dushnitsky G, Lenox M. When do Incumbents Learn from Entrepreneurial Ventures? [J]. Research Policy, 2005, 34 (5).

[54] Hyytinen A, Toivanen O. Do Financial Constraints Hold Back Innovation and Growth? [J]. Hanken School of Economics, 2005 (1).

[55] Lee J D，Park C. Research and Development Linkages in a National Innovation System：Factors Affecting Success and Failure in Korea [J]. Technovation，2006，26（9）.

[56] Neff C. Corporate Finance，Innovation，and Strategic Competition [M]. NewYork：Springer Berlin Heidelberg，2003.

[57] Barbara，Weber. Corporate Venture Capital as a Means of Radical Innovation：Relational Fit，Social Capital，and Knowledge Transfer [J]. Journal of Engineering and Technology Management，2007，24（1–2）.

[58] Benfratello L，Razzolini T. Firms' Productivity and Internationalisation Choices：Evidence for a Large Sample of Italian Firms [J]. Development Working Papers，2008，127（2）.

[59] Legrand D P，Pommet S. Venture Capital Syndication and the Financing of Innovation：Financial Versus Expertise Motives [J]. Post-Print，2009（1）.

[60] Carlota P. Technological Revolutions and Techno-economic Paradigms [J]. Cambridge Journal of Economics，2010（1）.

[61] Po-Hsuan Hsu，Chong Wang，Chaopeng Wu. Banking Systems，Innovations，Intellectual Property Protections，and Financial Markets：Evidence from China- science Direct [J]. Journal of Business Research，2013，66（12）.

[62] Chowdhury R H，Min M. Financial Market Development and the Effectiveness of R&D Investment：Evidence from Developed and Emerging Countries [J]. Research in International Business and Finance，2012，26（2）.

[63] Ilyina A, Samaniego R. Structural Change and Financing Constraints [J]. Journal of Monetary Economics, 2012, 59 (2).

[64] Po-Hsuan Hsu, Chong Wang, Chaopeng Wu. Banking Systems, Innovations, Intellectual Property Protections, and Financial Markets: Evidence from China-science Direct [J]. Journal of Business Research, 2013, 66 (12).

[65] M D Amore, Schneider C, Aldokas, Alminas. Credit Supply and Corporate Innovation [J]. Journal of Financial Economics, 2013, 109 (3).

[66] P H Hsu, T Xuan, X Yan. Financial Development and Innovation: Cross-country Evidence [J]. Journal of Financial Economics, 2014, 112 (1).

[67] Guariglia A, Liu P. To what Extent do Financing Constraints Affect Chinese Firms' Innovation Activities? [J]. International Review of Financial Analysis, 2014, 36 (12).

[68] Subash Sasidharan, Jijo Lukose, Surenderrao Komera. Financing Constraints and Investments in R&D: Evidence from Indian Manufacturing Firms [J]. The Quarterly Review of Economics and Finance, 2015 (1).

[69] Song M, Ai H, Li X. Political Connections, Financing Constraints, and the Optimization of Innovation Efficiency Among China's Private Enterprises [J]. Technological Forecasting and Social Change, 2015, 92 (3).

[70] Subash Sasidharana, Jijo Lukoseb, Surenderrao Komera. Financing Constraints and Investments in R&D: Evidence from Indian

Manufacturing Firms [J]. The Quarterly Review of Economics and Finance, 2015, 55 (2).

[71] Seokchin Kim, Hyunchul Lee, Joongi Kim. Divergent Effects of External Financing on Technology Innovation Activity: Korean Evidence [J]. Technological Forecasting and Social Change, 2016 (1).

[72] Arena M, Bengo I, Calderini M, et al. Unlocking Finance for Social Tech Start-ups: Is there a New Opportunity Space? [J]. Technological Forecasting & Social Change, 2018 (1).

[73] X Wang, Zou H, Zheng Y, et al. How will Different Types of Industry Policies and Their Mixes Affect the Innovation Performance of Wind Power Enterprises? Based on Dual Perspectives of Regional Innovation Environment and Enterprise Ownership [J]. Journal of Environmental Management, 2019, 251 (12).

[74] Liu X, Liu T H, Chen K G. Does Bank Loan Promote Enterprise Innovation? [J]. Procedia Computer Science, 2019 (154).

[75] Kou M, Yang Y, Chen K. The Impact of External R&D Financing on Innovation Process from a Supply-demand Perspective [J]. Economic Modelling, 2020 (92).

[76] 吴楠. 通过科技金融创新促进技术创新的若干思考 [J]. 经济师, 2006 (9).

[77] 李颖, 凌江怀, 王春超. 金融发展对国内科技创新影响的理论与实证研究——基于对广东省面板数据的分析 [J]. 科技进步与对策, 2009 (23).

[78] 凌江怀, 李颖, 王春超. 金融对科技创新的影响及其支持路径 [J]. 江西社会科学, 2009 (7).

[79] 韩莉. 促进企业自主创新的财政政策研究 [J]. 科技管理研究, 2010 (24).

[80] 朱欢. 我国金融发展对企业技术创新作用效果的实证分析 [J]. 科技管理研究, 2010 (14).

[81] 陈敏, 李建民. 金融中介对我国区域科技创新效率的影响研究——基于随机前沿的距离函数模型 [J]. 中国科技论坛, 2012 (11).

[82] 赵稚薇. 科技金融对技术创新的作用效率研究 [J]. 金融经济, 2012 (20).

[83] 徐玉莲, 王宏起. 科技金融对技术创新的支持作用: 基于 Bootstrap 方法的实证分析 [J]. 科技进步与对策, 2012 (3).

[84] 马彦新. 金融支持与中国高技术产业自主创新——基于面板数据的实证分析 [J]. 区域金融研究, 2012 (1).

[85] 郭非寒. 科技金融对产业技术创新影响的研究——以高技术产业为例 [D]. 杭州: 浙江工商大学, 2013.

[86] 吴翌琳, 谷彬. 科技与资本“联姻”: 科技成果转化的金融服务体系研究 [J]. 科学管理研究, 2013 (4).

[87] 罗嘉雯, 陈浪南. 金融发展影响科技创新的实证研究 [J]. 中国科技论坛, 2013 (8).

[88] 王认真. 中国省域技术创新的科技金融支持研究 [J]. 经济问题探索, 2014 (4).

[89] 芦锋, 韩尚容. 我国科技金融对科技创新的影响研究——基于面板模型的分析 [J]. 中国软科学, 2015 (6).

[90] 张玉喜, 赵丽丽. 中国科技金融投入对科技创新的作用效果——基于静态和动态面板数据模型的实证研究 [J]. 科学研究, 2015, 33 (2).

[91] 叶莉，王亚丽，孟祥生. 中国科技金融创新支持效率研究——基于企业层面的理论分析与实证检验［J］. 南开经济研究，2015，186（6）.

[92] 余波. 广东科技金融对科技创新的影响研究［D］. 广州：华南理工大学，2016.

[93] 陈佳媚. 珠三角科技金融促进高新技术产业发展的效果与方式研究［D］. 广州：暨南大学，2017.

[94] 刘文杰. 科技金融对科技创新的影响研究［D］. 广州：广东省社会科学院，2017.

[95] 杜江，张伟科，范锦玲，等. 科技金融对科技创新影响的空间效应分析［J］. 软科学，2017，31（4）.

[96] 黄继忠，黎明，Huang，等. 科技金融对创新效率影响的实证研究——基于中国高技术产业省级面板数据［J］. 工业技术经济，2017，36（287）.

[97] 曹文芳. 科技金融支持科技创新的实证检验［J］. 统计与决策，2018，34（13）.

[98] 郑磊，张伟科. 科技金融对科技创新的非线性影响——一种U型关系［J］. 软科学，2018，32（7）.

[99] 张宽，黄凌云. 金融发展如何影响区域创新质量？——来自中国对外贸易的解释［J］. 国际金融研究，2019（9）.

[100] 路启梅，马艳丽，许佳琦. 科技金融影响制造业自主创新能力的实证分析［J］. 金融理论探索，2019，188（6）.

[101] 常亮，罗剑朝. 科技金融投入差异对科技创新效率的影响研究——基于陕西省237家企业的经验考察［J］. 西安财经学院学报，2019，32（2）.

[102] 耿宇宁，周娟美，张克勇，等. 科技金融发展对科技型中小企业创新产出的异质性影响研究——来自中部六省的证据［J］. 武汉金融，2020（4）.

[103] 孔瑞玲. 广州市科技金融投入对科技创新的实证影响研究［J］. 现代商业，2021（9）.

[104] Berger A N，Haubrich L，et al. Part 2：Bank Concentration and Competition：An Evolution in the Making a Conference Sponsored by the Federal Reserve Bank of Cleveland May 21-23，2003//Bank Concentration and Competition：An Evolution in the Making［J］. Journal of Money，Credit and Banking，2004，36（3）.

[105] 杨青，安玉川. 美国证券市场网络技术创新对金融中介的影响分析［J］. 外国经济与管理，2005，27（4）.

[106] 王新红. 影响我国高新技术企业融资能力的因素分析［J］. 特区经济，2007（10）.

[107] 康晶，王娜. 中小企业集群融资效应分析［J］. 工业技术经济，2007（6）.

[108] 赵凤义，莫燕. 科技型中小企业的融资行为选择因素研究——基于企业的视角［J］. 现代商业，2009（8）.

[109] 张元萍，刘泽东. 金融发展与技术创新的良性互动：理论与实证［J］. 中南财经政法大学学报，2012（2）.

[110] 俞立平. 省际金融与科技创新互动关系的实证研究［J］. 科学学与科学技术管理，2013，34（4）.

[111] 戚湧，郭逸. 江苏科技金融与科技创新互动发展研究［J］. 科技进步与对策，2018，35（1）.

[112] 周雷，陈音，张璇，等. 金融科技底层技术创新及其对金融行业

的赋能作用［J］. 金融教育研，2021（1）.

［113］吴勇民，王倩. 互联网金融演化的动力——基于技术与金融的协同演化视角［J］. 经济与管理研究，2021（3）.

［114］Helpman E. R&D and Productivity：The International Connection［J］. Harvard Institute of Economic Research Working Papers，1997，233-235（1）.

［115］Siong Hook Law，Weng Chang Lee，Nirvikar Singh. Revisiting the Finance-innovation Nexus：Evidence from a Non-linear Approach［J］. Journal of Innovation & Knowledge，2018，3（3）.

［116］王宏起，徐玉莲. 科技创新与科技金融协同度模型及其应用研究［J］. 中国软科学，2012（6）.

［117］胡援成，吴江涛. 科技金融的运行机制及金融创新探讨［J］. 科技进步与对策，2012（23）.

［118］张明喜. 我国科技创新与金融创新结合问题研究［J］. 南方金融，2013（1）.

［119］童藤. 金融创新与科技创新的耦合研究［D］. 武汉：武汉理工大学，2013.

［120］和瑞亚，张玉喜. 区域科技创新系统与公共金融系统耦合协调评价研究——基于中国 28 个省级区域的实证分析［J］. 科技进步与对策，2014，31（7）.

［121］张林，李雨田. 金融发展与科技创新的系统耦合机理及耦合协调度研究［J］. 南方金融，2015（11）.

［122］王仁祥，杨曼. 科技创新与金融创新耦合关系及其对经济效率的影响——来自 35 个国家的经验证据［J］. 软科学，2015（1）.

［123］周启运. 科技金融创新体系的耦合运行机制研究［J］. 金融经

济，2016，12（235）.

［124］张林. 金融发展、科技创新与实体经济增长——基于空间计量的实证研究［J］. 金融经济学研究，2016，31（1）.

［125］王明英. 我国科技金融与科技创新协同发展水平测度及提升［J］. 金融理论探索，2017（1）.

［126］张江朋，邱添，张璞. 科技金融与区域创新系统协同发展机理——基于空间计量模型的实证分析［J］. 科技管理研究，2019，425（7）.

［127］王仁祥，付腾腾. 科技与金融耦合系统脆弱性评价——基于湖北省的实证研究［J］. 科技管理研究，2019，39（6）.

［128］杨嫩晓，安则同. 科技创新与科技金融协同效应研究——基于陕西数据的实证分析［J］. 西安财经大学学报，2021，34（3）.

［129］Avnimelech G，Teubal M. Targeting Venture Capital：Lessons from IsraelÂês Yozma Program［J］. Chapters，2004（1）.

［130］Faria A P，Barbosa N. Does Venture Capital Really Foster Innovation?［J］. Economics Letters，2014，122（2）.

［131］孙晶，李涵硕. 金融集聚与产业结构升级——来自2003—2007年省际经济数据的实证分析［J］. 经济学家，2012（3）.

［132］赵婉妤，王立国. 中国产业结构转型升级与金融支持政策——基于美国和德国的经验借鉴［J］. 财经问题研究，2016（3）.

［133］黄锐，赖晓冰，唐松. 金融科技如何影响企业融资约束？——动态效应，异质性特征与宏微观机制检验［J］. 国际金融研究，2020（6）.

［134］徐剑钧. 风险投资对我国产业结构升级的影响［J］. 当代财经，2000（9）.

[135] 杨德勇，董左卉子．资本市场发展与我国产业结构升级研究 [J]．中央财经大学学报，2007（5）．

[136] 易信，刘凤良．金融发展、技术创新与产业结构转型——多部门内生增长理论分析框架 [J]．管理世界，2015（10）．

[137] 陈亚男，包慧娜．科技金融发展对产业结构升级影响的实证分析 [J]．统计与决策，2017（15）．

[138] 邹建国，李明贤．科技金融对产业结构升级的影响及其空间溢出效应研究 [J]．财经理论与实践，2018（5）．

[139] 谷慎，汪淑娟．中国科技金融投入的经济增长质量效应——基于时空异质性视角的研究 [J]．财经科学，2018（8）．

[140] 冯永琦，邱晶晶．科技金融政策的产业结构升级效果及异质性分析——基于"科技和金融结合试点"的准自然实验 [J]．产业经济研究，2021（2）．

[141] Romer P，Review A E，Duflo E. Are Nonconvexities Important for Understanding Growth? [J]．Econ Papers，1990（80）．

[142] Ngai L R，Pissarides C. Structural Change in a Multi-sector Model of Growth [J]．LSE Research Online Documents on Economics，2007（1）．

[143] 董鸣，王方，李华．技术转移与三次产业结构调整关系研究——以陕西省为例 [J]．科技与经济，2014（4）．

[144] 徐康宁，冯伟．基于本土市场规模的内生化产业升级：技术创新的第三条道路 [J]．中国工业经济，2010（11）．

[145] 许树辉，谷人旭．欠发达地区技术创新的产业升级效应研究——以韶关制造业为例 [J]．世界地理研究，2013（2）．

[146] 陶长琪，彭永樟，TAO，等．经济集聚下技术创新强度对产业结

构升级的空间效应分析［J］. 产业经济研究，2017，3（220）.
［147］时乐乐，赵军. 环境规制、技术创新与产业结构升级［J］. 科研管理，2018，39（1）.
［148］季良玉. 技术创新对中国制造业产业结构升级的影响——基于融资约束的调节作用［J］. 技术经济，2018，37（11）.
［149］赵玉林，王秀婷. 中国制造业创新驱动增长及异质性考察［J］. 中国科技论坛，2019（2）.
［150］余东华，田双. 嵌入全球价值链对中国制造业转型升级的影响机理［J］. 改革，2019，301（3）.
［151］路畅，王媛媛，于渤，等. 制度环境、技术创新与传统产业升级——基于中国省际面板数据的门槛回归分析［J］. 科技进步与对策，2019，36（14）.
［152］姜帅，龙静. 科技创新促进地区产业结构优化升级了吗?［J］. 中国矿业大学学报（社会科学版），2021（1）.
［153］吴莹. 中国科技金融的体系构建与政策选择［D］. 武汉：武汉大学，2010.
［154］王海，叶元煦. 科技金融结合效益的评价研究［J］. 管理科学，2003（2）.
［155］段金龙. 科技创新的公共金融支持研究［D］. 哈尔滨：哈尔滨工程大学，2016.
［156］Saint-Paul G. Technological Choice，Financial Markets and Economic Development［J］. European Economic Review，1992，36（4）.
［157］胡欢欢，刘传明. 科技金融政策能否促进产业结构转型升级?［J］. 国际金融研究，2021（5）.
［158］段世德，徐璇. 科技金融支撑战略性新兴产业发展研究［J］. 科

技进步与对策，2011（14）.

[159] 杨卉芷，马鑫杰. 科技金融对技术创新的影响及政策建议——基于灰色关联分析法 [J]. 西部经济管理论坛，2013，24（1）.

[160] H Leibenstein. The Theory of Economic Development：An Inquiry into Profits，Capital，Credit，Interest，and the Business Cycle [J]. American Economic Review，1968，58（2）.

[161] Iammarino S. The Economics of Innovation，New Technologies and Structural Change [J]. Research Policy，2004，33（5）.

[162] 贾仓仓，陈绍友. 新常态下技术创新对产业结构转型升级的影响——基于2011—2015年省际面板数据的实证检验 [J]. 科技管理研究，2018，38（15）.

[163] 赵晓男，代茂兵，郭正权. 科技创新与中国产业结构升级 [J]. 经济与管理研究，2019，40（7）.

[164] 周柯，王尹君. 环境规制，科技创新与产业结构升级 [J]. 工业技术经济，2019，38（2）.

[165] 刘艺璇，贺建风. 科技要素投入对产业结构升级的影响——基于2005—2016年中国省际面板数据的实证研究 [J]. 科技管理研究，2020，40（4）.

[166] 陈堂，陈光. 科技创新对产业结构升级的空间外溢效应研究——基于省域空间面板模型的分析 [J]. 云南财经大学学报，2020（1）.

[167] 渠海雷，邓琪. 论技术创新与产业结构升级 [J]. 科学学与科学技术管理，2000，21（2）.

[168] 李健，马亚. 科技与金融的深度融合与平台模式发展 [J]. 中央财经大学学报，2014（5）.

[169] 于斌斌. 金融集聚促进了产业结构升级吗：空间溢出的视角——

基于中国城市动态空间面板模型的分析［J］. 国际金融研究，2017（2）.

［170］谢婷婷，赵莺. 科技创新、金融发展与产业结构升级——基于贝叶斯分位数回归的分析［J］. 科技管理研究，2017，37（5）.

［171］李瑞晶，李媛媛，金浩. 区域科技金融投入与中小企业创新能力研究——来自中小板和创业板127家上市公司数据的经验证据［J］. 技术经济与管理研究，2017（2）.

［172］张芷若，谷国锋. 科技金融与科技创新耦合协调度的空间格局分析［J］. 经济地理，2019，39（4）.

［173］Lahorgue，Maria Alice，Da Cunha，et al. Introduction of Innovations in the Industrial Structure of a Developing Region.［J］. International Journal of Technology Management & Sustainable Development，2004（1）.

［174］何德旭，姚战琪. 中国产业结构调整的效应、优化升级目标和政策措施［J］. 中国工业经济，2008（5）.

［175］张银银，邓玲. 创新驱动传统产业向战略性新兴产业转型升级：机理与路径［J］. 经济体制改革，2013（5）.

［176］蓝庆新，陈超凡. 新型城镇化推动产业结构升级了吗？——基于中国省级面板数据的空间计量研究［J］. 财经研究，2013（12）.

［177］汪伟，刘玉飞，彭冬冬. 人口老龄化的产业结构升级效应研究［J］. 中国工业经济，2015（11）.

［178］贾洪文，张伍涛，盘业哲. 科技创新、产业结构升级与经济高质量发展［J］. 上海经济研究，2021（5）.

［179］干春晖，郑若谷，余典范. 中国产业结构变迁对经济增长和波动的影响［J］. 经济研究，2011（5）.

[180] 李峰，李明祥，张宇敬．科技创新、产业结构升级对经济发展的实证分析［J］．技术经济，2021，40（7）．

[181] 刘姝璠，张荣光，邓江晟．科技金融，高新技术产业与产业结构升级［J］．统计与决策，2021（2）．

[182] 冯永琦，邱晶晶．科技金融政策的产业结构升级效果及异质性分析——基于“科技和金融结合试点”的准自然实验［J］．产业经济研究，2021（2）．

[183] 李睿．金融科技是否推动了我国产业结构优化——基于空间效应和门槛效应的分析［J］．经济与管理，2021，35（5）．

[184] 李颖，凌江怀，王春超．金融发展对国内科技创新影响的理论与实证研究——基于对广东省面板数据的分析［J］．科技进步与对策，2009，26（23）．

[185] 曹颢，尤建新，卢锐，等．我国科技金融发展指数实证研究［J］．中国管理科学，2011，19（3）．

[186] 徐玉莲，王玉冬，林艳．区域科技创新与科技金融耦合协调度评价研究［J］．科学学与科学技术管理，2011，32（12）．

[187] 杜江，张伟科，范锦玲，等．科技金融对科技创新影响的空间效应分析［J］．软科学，2017，31（4）．

[188] 揭红兰．科技金融、科技创新对区域经济发展的传导路径与实证检验［J］．统计与决策，2020（1）．

[189] 华坚，施明月，王育芳．科技金融、产业结构优化与区域生态效率——基于空间计量模型的实证分析［J］．技术经济，2021，40（5）．

[190] Eckhardt B. The Spatial Pattern of Localized R&D Spillovers：An Empirical Investigation for Germany［J］. Journal of Economic Geography，2003（1）.

[191] Wang E C. R&D Efficiency and Economic Performance：A Cross-country Analysis Using the Stochastic Frontier Approach [J]. Journal of Policy Modeling，2007，29 (2).

[192] 宋跃刚，杜江. 制度变迁、OFDI 逆向技术溢出与区域技术创新 [J]. 世界经济研究，2015 (9).

[193] 宋纪宁，王天崇，赵一霖. 中国科技金融与技术创新关系的计量分析 [J]. 资源开发与市场，2013，29 (11).

[194] 王慧艳，李新运，徐银良. 科技创新驱动我国经济高质量发展绩效评价及影响因素研究 [J]. 经济学家，2019 (11).

[195] 贾洪文，张伍涛，盘业哲. 科技创新、产业结构升级与经济高质量发展 [J]. 上海经济研究，2021 (5).

[196] 叶祥松，刘敬. 异质性研发，政府支持与中国科技创新困境 [J]. 经济研究，2018，53 (9).

[197] 张文彤，董伟. SPSS 统计分析高级教程 [M]. 北京：高等教育出版社，2013.

[198] 陈强. 高级计量经济学及 Stata 应用（第二版）[M]. 北京：高等教育出版社，2014.

[199] Andrew，Levin，et al. Unit Root Tests in Panel Data：Asymptotic and Finite-sample Properties [J]. Journal of Econometrics，2002 (108).

[200] 陈培阳，朱喜钢. 基于不同尺度的中国区域经济差异 [J]. 地理学报，2012，67 (8).

[201] 温忠麟，刘红云，侯杰泰. 调节效应和中介效应分析 [M]. 北京：教育科学出版社，2012.

[202] 王孟成. 潜变量建模与 Mplus 应用 · 基础篇 [M]. 重庆：重庆大学出版社，2014.

［203］阳义南．结构方程模型及 Stata 应用［M］．北京：北京大学出版社，2021.

［204］温忠麟，叶宝娟．中介效应分析：方法和模型发展［J］．心理科学进展，2014，22（5）.